父母必读 养育系列图书

解密儿童的色彩能量

金韵蓉 ◎ 著

北京出版集团公司
北京出版社

图书在版编目（CIP）数据

解密儿童的色彩能量 / 金韵蓉著. — 北京：北京
出版社，2019.1
ISBN 978-7-200-14453-6

Ⅰ．①解… Ⅱ．①金… Ⅲ．①儿童教育—家庭教育
Ⅳ．①G782

中国版本图书馆CIP数据核字(2018)第234591号

解密儿童的色彩能量
JIEMI ERTONG DE SECAI NENGLIANG
金韵蓉　著

＊

北 京 出 版 集 团 公 司
　　　　　　　　　　　　　　　　　　出版
北 京 出 版 社

（ 北 京 北 三 环 中 路 6 号 ）

邮政编码：100120

网　　　　址：w w w . b p h . c o m . c n

北 京 出 版 集 团 公 司 总 发 行
新 华 书 店 经 销
北 京 瑞 禾 彩 色 印 刷 有 限 公 司 印 刷

＊

880毫米×1230毫米　32开本　6.125印张　150千字
2019年1月第1版　2019年1月第1次印刷

ISBN 978-7-200-14453-6

定价：58.00元

如有印装质量问题，由本社负责调换

质量监督电话：010-58572393

序

我是专业的儿童心理治疗师，主要的工作内容是在治疗室里帮助那些有情绪困扰和学习障碍的孩子。面对幼童，我们最大的困难是没法让他们表达自己的情绪，也许是因为词汇量不够，也许是因为害怕被处罚，总之，我们常发现让孩子"说出心里的话"是件非常不容易的事。

遇到这种情况时，我们不会硬是强迫孩子说话，而是会让他自由选择坐在治疗室里的某一个舒服的彩色小板凳上，从至少48色的彩笔中选出自己最喜欢的颜色，画一幅我们要求的主题画，例如，我的家、大树、公园、学校，等等。然后，我们会从孩子的图画内容、构图

　　和所选择的颜色，来判断他隐藏在内心的情绪是什么。

　　用颜色画画是一种非常棒的、完全没有攻击性的儿童心理诊断方法，有很多孩子的绘画作品到现在我还记得很清楚。例如，有一个每个月才能见一次工作忙碌的母亲的5岁孩子，因为她总是用头去撞墙，被医生介绍到我的治疗室来。我请她画了一幅"我的家"，结果在孩子的图画中，妈妈只是个轮廓不清晰的背影，而且周身的颜色都是表达愤怒的大红色。

　　另一个单亲家庭的6岁孩子，画的妈妈则是上半身穿着粉红色的蝴蝶结衣领、脖子上带着珍珠项链，大眼睛附近的睫毛清晰可见，但是下半身却穿着脏兮兮的、好像随意画上去的土黄色及膝短裤，完全和上半身的漂亮女性形象不协调。原来，妈妈对他来说，就是身兼父母责任的双重角色，而他对爸爸的陌生情绪，则用随意粗糙的笔触和代表抵触情绪的颜色来表达。

　　还有一幅让人触目惊心的作品。一个刚上小学一年级的男孩，因为把客厅鱼缸里的鱼全都捞出来摔在地上，终于被忍无可忍的爸妈带到了我的治疗室。我请他画大树，结果他把一张A4尺寸的白纸全涂成黑色，而且用笔的力度之大，直透纸背。经过几次的谈话和绘画"治疗"之后，我们才知道他从幼儿园大班开始，就一直被一个大高个儿的男孩霸凌，结果不幸的是，他们又上了同一所小学，被分在了同一个班级！

看到这里，也许你们会问："知道了孩子的内心世界之后，接下来该怎么帮助他们呢？"呵呵！这就是色彩最美好的地方了。我们既可以用色彩来探知孩子的内心世界，也可以用适当的色彩来平衡孩子的内心世界。而且，最棒的是，每个孩子都不会抗拒拿起一支彩笔在纸上涂鸦的，这是他本能的冲动，所以我们可以在孩子非常自然、没有戒心的情况下，深入他的意识和潜意识里，用色彩的能量来帮助甚至治愈他。

当然，色彩能量不仅能运用在情绪或行为心理治疗上，它也能通过不同的实行方法产生更多的作用，例如，食物的颜色、衣服的颜色、水杯的颜色、文具的颜色……可以激发孩子的潜能，调动积极的情绪，促进健康的生理成长，开发智力和理解力等，所以色彩能量的运用受到教育心理学专家和儿童行为治疗专家们的一致推崇，他们认为它是最容易实行的——不仅对老师们来说在教室里容易实行，同时也是爸爸妈妈们在家里可以实行的有效方法。

我常对爸爸妈妈们说，反正我们都得为孩子准备吃的、喝的、用的、盖的，既然不需要多花钱，为什么不稍微用点心，选择正确的颜色来达到一箭双雕的目的呢？！

对于色彩的神奇功能，我个人其实也有真实的体会。儿子在台湾念完小学五年级之后，就到英国的寄宿学校上初中一年级。由于英国的冬天又湿又冷，从小就鼻子过敏的儿子常常感冒咳嗽，甚至因鼻窦炎发作而低烧。寒假回来时他告诉我，每一次不舒服时，学校的胖胖护士就会把他带到医务室里，让他用毛巾蒙着头吸嗅滴了尤加利树精油的蒸汽，同时对着他的胸腔照射一种蓝色的光。我问儿子，胖胖护士给你吃药吗？儿子说："从来不，因为每次吸完蒸汽，照完蓝光，我就好多了！"

　　根据我个人的了解，这就是英国寄宿学校里标准的护理方式——用不具侵略性但又有效的方法，来激发孩子的自身免疫力和抵抗力。

　　我很感激那位胖胖护士如此细心地照顾我的儿子，而且作为研究芳香疗法和色彩能量疗法的我来说，她的护理方式也为我长期以来的研究，提供了最有力的案例和佐证。

　　写这本书，其实酝酿了将近2年的时间，因为它关系到心灵最敏感，对色彩的感知和反应也最敏锐的儿童，所以在这段时间，我阅读了大量的研究报告和相关学术期刊里的新文献，严格地要求自己在这本书里所写的任何一个建议或指导，都是严谨和精确的，也都是可操作和经过验证的。

　　我非常感谢并荣幸地能和在父母心目中拥有极高的专业信任度和情感连接的父母必读杂志社合作，一起为这本书的诞生而努力。为了能更精准地满足读者们的需求，出版社的同人们做了既广且深的前期调研和问题收集工作，为我提供了和读者们无缝接轨的帮助。

　　我从他们对待读者的体贴用心中，看见了他们在儿童图书领域里深耕多年的雄厚基础，也看见了他们对读者需求的准确掌握，这一点我心存感激，也心怀敬意。

　　最后，诚挚地希望这本书能帮助家长和老师们找到理解孩子的方法，也希望它能成为成长中的孩子们的养分，滋养灌溉并守护他们。

目录

理论篇

儿童色彩的能量来自哪里

色彩能量的科学证据

在还没有说有趣的色彩故事之前，先告诉你们一个很重要、很有用的秘密：

根据脑神经医学的研究，红色的荧光笔会拉低孩子的考试成绩，而黄色的荧光笔则能帮助孩子提升理解力和记忆力。所以，嘿嘿！赶快把你家孩子的红色荧光笔或圆珠笔收起来吧，让孩子用黄色的荧光笔做记号吧！

为什么？因为红色会刺激和兴奋自主神经系统的反应，而自主神经系统具有不受意志力支配、容易产生紧张性效应和致使情绪调控能力减弱的特点！

好了，现在说几个有趣的、真实的故事给你们听。

球场上神秘色彩的力量

1998年5月26日，美国爱荷华州立大学美式足球校队接到了一封来自美国体育协会的仲裁书，要求当时的校队主教练海登·弗赖伊立刻停止一个不公正而且会影响比赛结果的举措。原来海登·弗赖伊教练把客队更衣室里球员的衣柜都漆成了粉红色，因此让客队球员在上场比赛时发现自己的体力和坚持力都差了一些。美国体育协会甚至还因此颁布了一项规定，要求美国所有的球场更衣室，不管是主场还是客场的更衣室，都必须选用相同颜色的漆料，以保证比赛的公平性！

实际上，所有的球队教练，不管是足球、橄榄球、棒球或篮球，都喜欢在自己球队的队服上增加一点红色的或橙色的元素，因为红色和橙色能促进肌肉的张力和爆发力，因此能在短时间内让场上的球员像"打了鸡血"一样的体力充沛！

而好玩的是，耶鲁大学人类行为研究中心曾经对历年来世界杯赛事（各种需要肌肉张力和爆发力的赛事）做过一个有统计学意义的研究，发现穿黑色队服，或以黑色为主要颜色队服的球队，球员在场上的犯规次数最多！

黑衣修士桥的"忧郁"

黑衣修士桥（Black Friars Bridge）是一座横跨泰晤士河，建造于1769年，有着古典奢华意大利风格，由9个半椭圆形的波特兰石拱门构成的古桥。它是伦敦知名的景点之一，长长的大桥上常有愤世嫉俗的年轻人在上面思考着人生的难题。可惜，黑衣修士桥除了沧桑浪漫之外，也有一个不太体面的"知名度"，那就是它是全伦敦自杀率最高的一座桥，很多人选择

在这座桥上一跃而下,在冰冷的泰晤士河里结束自己的生命。

被居高不下的自杀率弄得非常难堪的市政官员,请来了专家们勘查原因,后来发现原来是这座桥的颜色出了问题:"黑"衣修士桥!不光是古桥的名字黑暗忧郁,就连桥梁的颜色也黑暗而忧郁!于是他们把这座黑色的大桥改成了欢快的橙红色,而神奇的是,自从大桥的颜色改成了橙红色之后,它的自杀率就陡降了1/3!

请不要停留太久

对餐厅老板来说,翻桌率高,意味着赚钱!客人吃完饭后立刻买单走人,桌子能再接待一桌客人,营业额自然就高,所以餐厅老板是非常喜欢这种情况的。但是近年来手机的出现却让许多餐厅的翻桌率大不如前。一家餐厅的老板统计,在2010年以前,顾客上门平均在7分钟内就可以看完菜单点好菜,从进门点菜到用餐再到结账离开餐厅大约在1个小时内,但是现在却全然不是这样。

现在多数消费者进餐厅会先询问Wi-Fi密码,紧接着是手机连上Wi-Fi,然后再花一段时间看菜单点菜,仅仅是进餐厅到点菜就要花去20分钟,然后上菜后还要给菜品拍照发朋友圈,吃饭过程中又会停下来回微信,从进餐厅到买单大约需要90分钟,如此一来平均用餐的时间增加了,翻桌率下降,餐厅老板也叫苦不迭。

那怎么办呢? 很多餐厅老板的应对之道是把墙壁的颜色或桌椅的颜色漆成了红色。为什么呢? 因为红色会让置身其中的人有一种心理上的错觉, 我已经在这里坐了很久了! 所以吃饭的人多半会在吃完饭后就立刻起身离开, 而餐厅也会因为客人不再坐着瞎聊, 提高了翻桌率!

暖色安慰剂

Placebo是安慰剂或安慰剂效应的意思, 它是由第二次世界大战美军随军军医毕阙博士 (Henry K. Beecher) 在1955年提出的。我以前在医院心理卫生中心担任临床心理治疗师时, 就常常需要用到这种方法来安抚患者, 因为医院常常会把那些确实有生理症状, 但又实在查不出病因的病人转介给我们做心理治疗 (一般是恐病症的患者), 而安慰剂在这个时候就会派上用场了。

所谓安慰剂效应是指在不让病人知情的情况下服用完全没有药效的"假药"(通常是经过伪装的维生素C片), 但病人却会获得和真药一样甚至更好的效果。这种似是而非的现象在医学和心理学研究中都很常见, 因此不少医生在对病人进行治疗时, 都会将这种安慰剂效应考虑进去。

有趣的是, 临床应用上, 医疗人士发现, 胶囊颜色是暖色系的安慰剂的"疗效"要比冷色系的好得多!

不同颜色房间的孩子

美国加州大学临床心理治疗中心主任、教授、心理学博士保罗·博克米尼对27个有攻击性行为，让家长和老师都头疼不已的青少年做了一个实验。他先分批请这些行为需要矫正的青少年躺在墙面和天花板都是白色的房间里15分钟，然后从单面镜后面观察这些青少年的行为表现。让他毫不意外的是，这些青少年哪里肯安静地躺在地板上！他们一下子踢翻椅子，一下子捶墙，一会儿敌视彼此，一会儿又满不在乎地两手环胸，大声地嚼口香糖。

隔天，保罗·博克米尼博士又请同样的27位青少年分批躺在地板上，不同的是，这次房间的墙面和天花板的颜色都是粉红色的。保罗·博克米尼博士在单面镜后面的观察结果也不出他的意料，在进入粉红色房间10分钟之后，这些原本好勇斗狠的青少年都安静地躺在地上，望着天花板沉思或睡觉。

保罗·博克米尼博士又继续把这个实验实施在更小的孩子身上。他找了几个喜欢哭闹、动不动就赖在地上和打人的儿童，请这几个孩子每天都待在粉红色的房间里6分钟，结果发现连续1个半月之后，这几个孩子的哭闹和打人行为就完全消失了！

色彩疗愈的神秘力量,带领孩子飞向更加美好的世界。

　　说完上面的故事之后，我还是必须举出几项重要的科学研究，虽然有些枯燥，但是这些对理解色彩令人不可置信的能量功能是非常重要的。而且你别小看色彩治疗，它是得过诺贝尔奖的！

　　在色彩疗愈的专业领域里，经过近代的科学研究，至今已有许多实验来证实确实有效的色彩疗愈技术，其中，彩光能量疗法（Chromotherapy）是最重要的拓荒者和领航员。

　　彩光能量疗法是由20世纪初一位内科医师迪沙夏·P.加迪尔博士首先研究发明，利用不同的色光为病人的生理疾病所施行的疗愈方法。而将这个方法发扬光大，并受到医疗科学界重视的，则是1903年得到诺贝尔医学奖的丹麦医学家尼尔斯·芬森博士。他利用自然太阳光源及经过人工合成的人工光源，为超过2万名病人成功地疗愈疾病，并因此而得到他最高尊荣的诺贝尔医学奖项。

　　尼尔斯·芬森博士在他的研究报告中证实，不仅仅人的眼睛可以"看见"色光，我们的眼睛和皮肤也会 "吸收" 色光。因此，在他的实验方法里，不仅利用色光来照射病人的身体，同时还让病人吃、喝具有疗愈效果的色彩的食物和饮料，穿上具有疗愈效果的色彩的衣服。而今天，几乎所有的色彩疗愈技术都是根据他的研究所发展出来的。

光线，是人类眼睛能看得见的能量形式

季节性情感障碍（Seasonal Affective Disorder, 简称SAD），或俗称为冬季忧郁症（Winter Depression），是于1984年由美国国家心理健康研究所的精神科医师诺尔曼·E.罗森塔尔提出的一个专业诊断名词。它是一种在临床医学上常见的、多发生于冬季漫长地区的抑郁情绪疾病，就拿美国来说，常年阳光灿烂的佛罗里达州，只有1.4%的人罹患此症；而长夜漫漫、冰雪覆盖的阿拉斯加，则有9.9%的居民有这个问题。从前，医疗人士们认为"季节性情感障碍"只和冬季漫长有关，现在则发现，它也会发生在那些长时间待在室内或缺乏阳光照射的人身上，如飞行员、矿工、夜班工作人员等。

对于这种现象，神经医学专家们解释，光线被眼球吸收后，会诱发荷尔蒙的分泌，从而影响体内的生化环境，进而改变我们的幸福感。而且，光线是人类眼睛唯一能看得见的能量形式（光线里含有7种射线，也就是红、橙、黄、绿、蓝、靛、紫七色光），每一种颜色都具有它特定的波长、频率、能量和营养功能，而且都对应了身体的几个特定的部位，包括该特定部位的腺体、器官、组织，从而影响了生理上的、情绪上的、心理上的、行为上的不同反应。

美国国家心理健康学会（The National Institute of Mental Health）的研究证实，我们的心理健康、行为模式、各项生理机能，都

和体内的色彩能量是否均衡有关。因此，我们可以透过有意识地增强或弱化某一种色彩能量的含量来矫正它。因此，许多航空公司为了避免员工有季节性情感障碍，影响飞行安全，都会强制飞行员和空服员们定期接受光线治疗。

光与色彩会影响肌肉的松弛或紧张现象

1982年，位于美国加州的圣迭戈州立大学护理和卫生学院（University of San Diego，简称USD）的一项研究显示，暴露在蓝色灯光下可以大大减轻罹患风湿性关节炎妇女的痛苦。而1990年，美国的一项研究也揭示，闪烁的红色灯光可以在1小时内让剧烈的偏头痛得到缓解。美国佛罗里达健康与和谐中心的色彩治疗师埃琳娜说，在她的治疗室里，色彩疗法还经常被用于治疗阅读困难症、阿尔茨海默症及注意力缺陷等和神经医学有关的问题。

实验证实，光与色彩会不断地影响我们肌肉的松弛或紧张现象，这种作用称之为"张力"（Tonus）。由于生物会很自然地对光线发生反应，因此实验室里可以借着对脑波、汗腺分泌的测量数据，来衡量这些客观的"光线张力值"，了解肌肉受到光、颜色的影响而产生什么样的紧张或松弛现象。下表就是在严谨的实验监控下所得出的肌肉反应情况。

肌肉舒缓情况	肌肉舒缓值	相关颜色
正常 ↓ 紧张 ↓ 兴奋	23	胭脂色及粉彩色
	24	蓝色
	28	绿色
	30	黄色
	35	橘色
	42	红色

* 此表格出自台湾中央大学企业管理研究所张东贺硕士研究论文

研究发现，当肌肉舒缓值到达最高点42时，甚至连血压都会升高呢！现在你能明白为什么美国体育协会要阻止海登·弗赖伊教练的"诡计"了吧?！

病房墙壁的颜色会影响病人康复的速度

2003年，美国佛罗里达大学研究生科特尼·乔·艾芝做了一项针对佛罗里达医学院所属桑慈医院（Shands Hospital）心脏科病房慢性病人的研究。研究主题为：病房墙壁的颜色对病人康复的影响情况。

研究人员将医院的10个心脏科病房面对病床的墙面分别漆成4种不同的颜色——橙色、绿色、紫色、米色，并观察分别住在不同颜色病

房内的39位26~89岁病人的焦虑指数，需接受住院治疗的天数，以及需要药物来减缓疼痛的次数有无明显的区别。

科特尼·乔·艾芝选择将病房墙面漆成不同颜色的原因是：

紫色：紫色能减轻焦虑、帮助睡眠、降低体温及减缓对疼痛的敏感度。

绿色：绿色有镇定、舒缓焦躁、恢复元气的能力。

橙色：橙色是宇宙的疗愈者，具有释放压力和对抗忧郁沮丧的神奇效能。

米色：米色则是桑慈医院病房墙面原来的颜色。

结果经过4个星期，39位男病人和39位女病人的观察实验显示：

1 橙色的墙面不论对病人的焦虑指数、住院天数、疼痛缓解上都是最理想的选择，住在橙色病房的病人，在住院期间对缓解疼痛的药物已不具依赖性。

2 米色病房的病人则还需要与以往相同的剂量。

3 紫色的墙面则是最不理想的病房颜色。

4 正确的病房颜色不仅仅对病人有益，对每天频繁进出病房的护理人员也都有减缓情绪的效果。

事实上，色彩不仅对生理功能有帮助，也会极大地影响我们的感官和情绪，而这种影响常常是潜意识的。因此，在工业设计中，色彩设计在产品设计里扮演了非常重要的角色，因为，色彩运用的高明与否强烈地左右了产品的品位、销售定位及人们的消费欲望。在现代行销学中，产品使用一定的装饰色彩往往有增强产品形象的感染力、加强识别记忆、影响消费心理和传递产品概念的作用。给不同职业、地区、年龄的人设计产品时，在色调上必须考虑他们的接受心理和审美价值。例如，给老年人设计产品时，不能使用太强烈的色彩，因为会让他们感到头晕眼花而降低购买的动机，此外也会减少他们在使用该产品时愉快的经验，因此，给老年人设计的产品大多以宁静、安宁的色调为主；但是，给小孩设计玩具产品时就恰恰相反，玩具应该色彩缤纷、鲜艳夺目，才能让孩子维持对这些玩具的好奇和新鲜感。

儿童色彩的能量来自哪里

简单易行的色彩疗愈法

    根据1903年因提出严谨的实验证据而得到诺贝尔医学奖的丹麦籍内科医师尼尔斯·芬森博士的研究报告证实，不仅人的眼睛可以"看见"色光，我们的眼睛和皮肤也会"吸收"色光。因此在他的实验方法里，不仅利用色光来照射病人的身体，同时还让病人在吃、喝、穿上采用具有疗愈效果的色彩。而今天，几乎所有的色彩疗愈技术都是根据他的研究所发展出来的。

    根据彩光能量疗法的研究理论，色彩治疗师也发展出了一些方便实行但是确有疗效的居家色彩疗愈方法。

色彩的饮食疗法 （Foods for Colour Healing）

    说到吃，你一定和大伙儿一样，会发现自己有特别喜欢或特别不喜欢吃的某些食物。而且，在某个阶段会突然特别想吃什么东西，而过了那个阶段以后又突然不想吃了。营养学家告诉我们，当我们觉得想吃某些东西时，正是因为体内缺少了那些食物所含的营养素，所以它发出信号，提醒我们从进食中赶快摄取补充进来。没错，这是项有趣的身体自我防卫机制功能，但这项功能除了适用于食物所含有的营养素之外，也同样适用于食物的颜色所代表的心理疗愈意义！

所以，你从饮食中摄取足量的颜色了吗？你以为食物的颜色就是那个样子，没有任何意义吗？呵呵！你错了，红色的西瓜、黄色的柿子椒、绿色的猕猴桃、紫色的甘蓝菜、黑色的木耳、白色的山药……这些五颜六色的水果和蔬菜之所以具有特定的颜色，是因为那种颜色里含有了特定的维生素、矿物质、微量元素等营养元素，此外，这些五颜六色的食物被摄入体内之后，所含有的色彩能量也会在体内产生不同波长的振动运动。

从营养学的角度来说，添加大量的颜色到饮食里是确保摄取维生素、矿物质、植物化学物质和纤维的较好方法之一。我们的饮食颜色越丰富，所获得的抗氧化剂就越多。这些混合的颜色能全面减少细胞的损伤和预防心脏病的动脉硬化、中风，甚至记忆力衰退。美国农业部（USDA）的研究化学家博士普莱尔·罗纳德说："每一种颜色——绿色、黄色、橙色、红色、紫色，甚至还有白色，都意味着一种不同种类的营养物质，而每一种颜色都有它自身独特的优势。"

此外，这些营养元素不仅能强壮我们的身体，帮助我们抵抗疾病和延缓自然衰老过程，它所含有色彩射线的特定振动频率，被摄取进

入体内之后，也能透过调节神经系统和介入体内能量场域的功能，达到影响腺体和器官的运动，以及平衡心理和情绪的作用。所以，把颜色吃进肚子里，利用食物的颜色来进行疗愈，是兼具健康、营养、情绪、心理等身心调节最简单又有效的方法了！

现在，就让我们来看看各种颜色的蔬果食物所含有的营养素和色彩疗愈能力。

白色　**代表食物: 茭白、冬瓜、竹笋、白萝卜、香蕉、花椰菜、洋葱、大蒜、土豆、鸡肉、鱼、牛奶、奶酪、蛋白、豆腐等。**

其中，香蕉是钾的一个极好来源（香蕉既是白色也是黄色的能量食物）。它富含维生素C、维生素B_6、镁和锰，一根大香蕉包含了我们每天所需要的15%的纤维素摄入量。而属于十字花科成员之一的花椰菜，被公认拥有极好的抗癌功能，同时也具有20%的维生素C和大量的纤维。另外，在膳食中添加洋葱和大蒜可以增加钙的摄入量，并提供铬、微量矿物元素，它们在维持人体血糖水平上起着重要的作用，经常食用洋葱和大蒜已被证实可以降低胆固醇水平和血压，而里面的含硫化合物也能预防胃癌和结肠癌。至于土豆，作为最朴实的白色蔬菜，是维生素C、钾、维生素B_6、烟碱酸和硫铵的一个很好来源。

在心理和情绪的疗愈方面，白色食物能帮助我们调整因情绪困难而不愿意敞开自己，或过度内向而无法开朗面对人群的情况。此外，集合了七色光之大成的白色食物，也能启发我们的潜能和创造力，很适合给正在发育和探索新知识的孩子食用。

红色 **代表食物：西红柿、西瓜、红苹果、粉红葡萄柚、红枣、枸杞子、红萝卜、杨梅、草莓、山楂、红色柿子椒、红酒。**

这几年来，掀起了一股吃红色食品的热潮。红色食品都富含胡萝卜素、氨基酸、铁、锌、钙。西红柿、西瓜中还含有番茄红素，有提高免疫力、抗自由基、预防衰老、抑制癌症的作用。而煮熟的西红柿比未煮过的西红柿里含有更高的番茄红素。西瓜和粉红葡萄柚中也可以得到品质很好的番茄红素、维生素A和维生素C。

另外，红色苹果的表皮富含两种十分强而有效的植物化学物质——儿茶素和花青素，同时也含有丰富的果胶、纤维，能吸收水分和调节新陈代谢。健康专家认为，从营养角度来说，樱桃含有丰富的维生素和微量元素。它含铁丰富，每百克含铁量最高可达到11.4毫克，远远超过其他水果。中医上也有记载，樱桃具有调中益气、健脾和胃、祛风湿、使皮肤红润嫩白、去皱消斑的功效，是女士美丽饮食的圣品。

在心理和情绪的疗愈方面，红色食物能激发我们对生命充满了热情，相信自己拥有能获得成功的能力和特质，如果有时觉得自己力不从

心、筋疲力尽，好像永远没法儿达成目标，或者害怕自己的能力不足，无法完成任务，就可以在饮食中多补充些能激发斗志的红色食物。

另外，如果学习中的孩子面对严苛的升学挑战而表现出恐惧、退缩或放弃的负面情绪时，红色食物也能帮助他勇敢而乐观地面对困难。不过要留意，如果进食过量，会引起不安、心情暴躁、易怒，所以切记要适可而止。（可以参考黄色的能量食物来补强这个缺点。）

由于粉红色象征了爱和女性气质。如果你希望感受爱、呵护和温暖时，粉红色的食物，如水蜜桃、玫瑰露、红葡萄酒等，就具有增加女性化特质的积极作用。另外，现今儿童色彩心理学专家一致认可粉红色也是一种能增强肌肉动能的强力色彩能量，所以很适合给小男孩穿戴粉红色的衣服。

**黄色
橙色**

代表食物：菠萝、木瓜、黄色的甜椒、柑橘、杏子、柠檬、胡萝卜、南瓜、芒果、玉米、红薯、黄豆。

黄色的食物都包含着大量的维生素C和维生素A，它们不仅能很好地强化免疫系统，更可以强化消化系统与肝脏，清除血液中的毒素，让皮肤变得细滑幼嫩。黄色果蔬的优势在于同时富含两种维生素：维生素A和维生素D。维生素A能保护胃肠黏膜，防止胃炎、胃溃疡等疾患发生；维生素D有促进钙、磷两种矿物元素吸收的作用，进而达到壮骨强筋的功效。对于儿童佝偻病、青少年近视、中老年骨质疏松症等常见的问题有一定的预防功效。

　　柑橘、杏子、胡萝卜中含有质量精纯的β-胡萝卜素。另外，甘薯含有极其丰富而重要的维生素和矿物质：大量的磷、维生素E、硫铵、铁、铜、镁、泛酸、钾、维生素B_6、锰、维生素C和维生素A，同时也富含帮助肠胃蠕动的膳食纤维。

　　至于对心理和情绪的疗效，黄、橙色食物能帮助培养正面开朗的心情，不仅是各种身心症的疗愈食物，也具有欢愉和积极的特质。对于青春期的叛逆、学习困难、面临考试压力、自卑等孩子的问题，也是很好的食物选择。黄、橙色食物也具有让人集中精神、增加注意力的能力，所以，念书时可以喝杯菊花茶，或吃点玉米、带黄壳的果仁之类的黄色小食品。

绿色

代表食物：绿色的叶菜类、鳄梨、猕猴桃、青苹果、大葱、绿豌豆、芹菜、黄瓜、苦瓜、卷心菜、甘蓝。

　　绿色的草本植物都被用作治疗的用途，足以证明绿色的确具有调和身体机能的功效。大部分蔬菜都拥有绿色的能量，可以维持人体的酸碱度，而且提供大量的纤维质，有助于清理肠胃。此外，绿色蔬菜也是享有"生命元素"美誉的钙元素的最佳来源，所以，吃"绿"被营养

学家认为是最好的补钙途径。

绿色蔬菜富含维生素C、胡萝卜素和铁、硒、钼等微量元素和大量纤维素，有利于维持人体的酸碱平衡，使大便通畅，保持肠道正常菌群繁殖，改善消化，预防结肠癌、乳腺癌等，同时绿色蔬菜还有预防紫外线伤害的作用。

在心理和情绪的疗愈方面，绿色食物有利于稳定心情和减轻紧张情绪，与其他颜色的食物一起摄入效果会更好。对于那些身陷在情感风暴里，又不知如何做决定的恋人，绿色食物是很好的治疗色彩。因为它能安定、抚平焦躁不安的情绪，还能帮助我们回归内在，找到继续走下去的心的方向。而已经进入幼儿园，开始探索世界的孩子，也需要多吃一些绿色的食物，以开阔心胸和拓宽视野。

 代表食物：海藻类的海洋食品、蓝莓、紫菜、紫茄子、紫葡萄、紫甘蓝。

蓝色食品主要是指海藻类的海洋食品。其中螺旋藻含有18种氨基酸(包括8种人体所必需的氨基酸)，11种微量元素及9种维生素，可以健体强身，帮助消化，增强免疫力，美容保健，抗辐射等，海藻多糖还有抗肿瘤、抗艾滋病功能。

紫色食物则都含丰富的芦丁和维生素C，能增强毛细血管的弹性，具有改善心血管的功效，常吃紫色食物对预防高血压、心脑血管疾病及遏制出血有一定作用。日常饮食中，吃紫色葡萄或喝葡萄汁可提供槲皮素。槲皮素是预防血凝块的一种重要的植物化学成分。蓝莓、李子、紫甘蓝、紫茄子和紫色洋葱提供另一种在紫色食物中普遍存在的植物化学成分组——花色苷。在老龄化进程加快期间，这种抗氧化剂植物化学物质已被应用在保存记忆和大脑功能上。

至于对心理和情绪的疗效，蓝色食物能帮助我们安静地思考、放松心情和减缓焦虑的情绪。紫色的食物则启发心灵的智慧，疗愈童年生活中遗留下来的、严重的情绪问题。对于有过敏性体质、好动、暴躁易怒孩子的色彩食物疗法，蓝、紫色食物也是很好的选择。

黑色 代表食物：黑芝麻、黑糯米、黑木耳、黑荞麦、黑松子、黑大豆、黑香菇、海带、发菜、乌骨鸡。

黑色食品含有17种氨基酸及铁、锌、硒、钼等10余种微量元素、维生素和亚麻仁油酸等营养素，有通便、补肺、提高免疫力和润泽肌肤的作用。现代医学认为，黑色食品不仅营养丰富，而且具有保健养颜、抗衰防老的功能，故又有"长寿食品"之称。如黑米，含有人体不能自然合成的多种氨基酸、多种维生素和矿物质等，有滋阴补肾、健脾暖胃及活血明目等功效。黑芝麻的含油量高达50%以上，含油量居谷物之首，

还富含蛋白质、钙、铁，滋补肝肾、驻颜抗衰；黑木耳则具有润肺和洗涤胃肠、帮助消化纤维类物质的特殊功能。

　　在心理和情绪的疗愈方面，黑色食物对沉溺于电动玩具、电子游戏、网络聊天而不好好学习的青少年颇具功效。此外，对习惯性逃学、缺课、不遵守纪律的孩子，也有规范的能力。不过，最好不要过度使用纯粹的黑色来调整能量，因为有可能因为过于深重的压抑而带来反效果，例如做噩梦，所以最好是和其他颜色混合使用。

"色彩能量水"的疗愈法

　　"色彩能量水"是利用太阳光中各种色彩射线的能量，将普通的饮水能量化的结果。饮用它，我们可以得到存在于自然阳光中该色彩的能量。这个方法是色彩能量疗法中最强的一种，可以和其他的色彩疗愈方法一起使用，让色彩的疗愈功效达到事半功倍的效果。

　　1 选择好你需要的色彩。

　　2 准备一个装满可饮用清水的透明玻璃杯。饮用清水的量依据所需要帮助的问题而定，在本书的每一个案例章节中，都给出了详细的要求说明。

　　3 根据需要的色彩，准备一张足够大和宽的彩色玻璃纸或孩子折纸用的色纸。

4 用彩色玻璃纸包住整个玻璃杯一圈，将玻璃纸用一小段胶带或橡皮圈固定住。（仅仅包住玻璃杯周围，不要盖住杯口。）

5 将包好色纸的玻璃杯盖上盖子预防灰尘。放在可以被太阳直射到的窗台边上，至少停留30分钟。玻璃杯里的饮用清水被太阳直射的时间越久，它所得到的能量就越强。所以在家庭里，我的建议是停留24小时以后再喝，这样能接收10小时以上的阳光。

饮用色彩能量水看起来好像效果缓慢，其实却是细水长流的好方法。但要注意的是，饮用红、橙、黄这3种颜色的能量水时，速度要稍微慢一些，因为它们的能量对肠胃的刺激性较强；另外，傍晚6点之后就不要再喝黄色和紫色的能量水了，因为有可能影响睡眠，而且会让孩子不断地起床上厕所！

用食物的颜色来减肥或增重

只要谈到饮食，一定立刻会有一个念头闪入脑海：我们能利用食物的色彩疗法来减肥或增加体重吗？答案是让人开心的：Yes！

根据统计，我们国家学龄儿童的肥胖问题虽然不像美国的比例那么惊人，但也因为饮食内容改变的关系，要比10年前、20年前的平均体重高得多。而孩子的体重过重，除了会影响他的身体健康之外，也会对心理健康造成影响，例如，被同学取笑是个胖子；因为气喘吁吁不爱运

动，间接造成体育表现落后，被同学笑话；女孩儿到了爱漂亮的年纪，因为身材不好而引起的自卑，等等。所以用颜色来控制体重，也是儿童色彩能量疗法当中重要的一环。

能帮助减少体重的食物颜色是黄色。因为黄色的天性不喜欢累赘，所以不会让身体或心灵积存废物或废水。用黄色来减肥的最好方法是：穿黄色的运动衣做运动。此外，吃黄色的食物，喝黄色的果汁，饮用黄色的能量水，冥想黄色，这些方法都可以搭配增强黄色运动衣的减肥效果。

另外，紫色也是帮助减肥、降低食欲的颜色。紫色的波长能刺激副交感神经，阻止胃液的分泌，缓慢消化食物，有助于减少食量和抑制想吃的冲动。可以把餐桌的桌巾、台布和餐具的颜色尽量改换成紫色。

蓝色，则是控制体重时起反作用的颜色——增重。蓝色能帮助卡路里的积存，并且将卡路里堆积在肌肉里。另外，蓝色轻缓安静的特质，能让新陈代谢、器官的活动，以及心思情绪都逐渐缓慢下来，因此能减少卡路里的消耗，增加体重。利用蓝色来增重的方法和上述相同：穿它，吃它，饮用它，冥想它。

色彩冥想呼吸法（Colour Breathing）

利用呼吸和冥想来吸收色彩。进行这个方法的诀窍是：用鼻子吸气，用嘴巴吐气。我很建议爸爸妈妈们用色彩冥想呼吸法来管理自己的情绪。这个方法不需要任何道具，可以在任何地方进行，能适应生活中各种不同情境时的需要，最棒的是，能让我们更心平气和地陪伴孩子。

练习

1 躺着或舒服地坐着。肩膀和全身尽量完全地放松。

2 用鼻子深呼吸，将肺充满空气。

3 尽可能地屏住呼吸，可在心中由1往上默数，看看能坚持多久。

4 慢慢地张嘴吐气。

5 每天练习至少一次。如果能屏住呼吸默数到50，是最好的。但如果你做不到也没有关系，它还是一样有效，而且屏住呼吸的时间也会随着练习而慢慢加长。

色彩冥想呼吸法

1 先找到自己需要的疗愈色彩。

2 找到一个具有该疗愈色彩的物件，如色纸、色布甚至蔬菜水果都行。专心地注视该物件几分钟，把物件的颜色用心像法"照个相"，放在脑子里。

3 开始用上述的练习方法吸气。吸气时，想象那种色彩随着空气进入到肺里，接着屏住气，想象有颜色的空气很快地流到需要疗愈的

身体部位，并且充塞在那个部位或器官里。这个时候，你可能会感到身体微微地发热，或越来越凉快。

4 慢慢地用嘴吐气。

5 多做几次，一直到你觉得舒服了，想停止了为止。

以下是几个常用的冥想色彩：

紫色：冥想并吸入紫色，可以帮助我们打开心窗，得到来自宇宙天体的智慧。很适合灵感枯竭、心思混乱，或面对抉择无法选择的情况，例如，准备下周一重要的提案；面对复杂的人际关系，不知道该怎么应对；给孩子选适合的幼儿园而陷入两难的情境……

金色：当我们失去信心，不管是对自己或对某个人、某件事时，都可以试着吸入金色的空气。我常用吸入金色的空气，来帮助那些学习成就很低，或遭受到责骂惊吓而失去信心的孩子。我会让这些孩子吸入金色的空气，想象金色的光芒从饱满的身体里往外释放，包裹着全身保护自己，或给予身体超级的能量。

金黄色：如果内心非常害怕某件事情或某个人，不管是已经发生的过去，或担心即将发生的未来，都可以用吸入金黄色的空气来强化自己面对挑战时的能量和疗愈受伤心灵的勇气。过多忧虑的紫色孩子很适合用这种颜色来驱走消极的想法和赶也赶不走的可怕的念头。

土耳其色（蓝绿色）：明天就要参加一场非常重要的面试，或参加似乎决定一生的考试，或拜访未来的婆婆……怎么才能消除心中的紧张焦虑，让自己看起来气定神闲呢？试试土耳其色的能量！土耳其色里含有对等比例的绿色和蓝色，绿色是心脏和肺脏的颜色，给予我们无穷的生命能量；蓝色是喉咙对应的颜色，能帮助我们好好地说话，不结巴，不紧张，也能让我们镇定下来，手脚不发抖！这种颜色对青少年也很好，可以引导他们学会管理自己被荷尔蒙搅动的情绪。

粉红色：马上就要见到那个我梦里都会翩然出现的白马王子或白雪公主了，我怎么才能表现出最迷人的风采和最动人的微笑呢？（如果客户需要看见有着迷人笑容的我，才同意下订单；或老板看见我动人的风采，才同意给我加薪，也行！）答案是，利用三五分钟的时间，吸吸粉红色的空气，让它帮助我们挑动内心深处最美丽的情愫。

亮光：如果我没有什么特定的难题需要解决，只是想减压和休息休息，有什么颜色能让我得到能量并且焕然一新呢？答案非常简单，只要学会深呼吸，冥想自然的亮光，那么含有彩虹般色彩的天光，就会进入到身体里面，涤净并赐给我们来自宇宙的能力。

可以带着正在成长中、需要被激发潜能的孩子，冥想大自然混合了7种颜色能量的天光。方法很简单：

1 躺在公园的草地上。

2 身体完全放松。

3 感受太阳照在脸上、照在身体上的温度。

4 听听周围的声音：小鸟的叫声，风吹过树叶的声音，小朋友开心的叫喊声……

5 跟着爸爸妈妈一起做几个深呼吸。

6 想象太阳的光芒跟着呼吸进到身体里面，充满了全身。

7 爸爸妈妈心里默数30下，就可以让孩子起来了。

儿童世界里的色彩心理学

　　萱萱今年9岁，是学校里的风云人物，不仅考试成绩总拿第一、第二，还被同学们选为校级三好学生、校级大队委、学雷锋代表，英语演讲比赛拿过冠军，钢琴考过6级，上个周末见到我时，还有点小虚荣地跟我说："金姥姥，我们班上有好几个男生爱我，有一个还想跟我结婚，结果我去告诉老师了！"

　　小时候的萱萱其实不是个活泼外向的孩子。记得她2岁多第一次到我们家来玩时，当天还有其他几个差不多大的孩子。当其他几个孩子发现我们家的楼梯可以是个游乐场，在上面疯狂地又滚又爬时，萱萱却老老实实地把双手放在紧并着的腿上，一动也不动地坐在最低的那一级台阶上看着其他小朋友大呼小叫地玩。那天，所有的妈妈都羡慕得不得了地请萱萱妈传授教女有方的秘诀！

　　其实萱萱妈在骄傲的同时，也有一些担心，因为萱萱太"较真"了。她必须把所有的橡皮泥都严格地按照颜色分类，并且像受检军队一样摆放整齐了，才愿意开始动手去做；每天晚上给她用小脚盆泡脚时，

小脚盆上的鸭子图案必须绝对正中朝前放了，她才愿意把脚伸进去；爸爸有次在高速公路上开车误走了ETC通道，结果必须停在路边跑回收费站交钱，从此近一年内只要是经过收费站，3岁多的她就在后座大声提醒：爸爸，别走黄色的通道。诸如此类的"偏执"，让萱萱妈开始有些焦虑。

萱萱妈来找我的时候，我很有把握地问她，萱萱最喜欢什么颜色? 最不喜欢什么颜色? 果不其然，她最喜欢的颜色是紫色（在伦敦帮她买爱莎公主的纱裙时，我硬是满大街找了好多家，才买到她的紫色纱裙）；最不喜欢的颜色是黄色（甚至最不喜欢吃黄色的香蕉）。

我对答案这么有把握的原因是，紫色能量对应的是脑部，既是精确缜密的思维，也容易因想得太多而引起过度的担忧；而黄色正好是它的对比色，黄色能量对应的是代表直觉的太阳神经丛，是与生俱来的聪慧，是不需要经过大脑研究后的自信，但是黄色能量过度时，则会有过于自信的冲动行事和因为太乐观而无法面对挫折。

我和萱萱妈于是开启了萱宝的色彩能量调整计划。首先，我刻意地给萱宝买了个很漂亮的鲜黄色双耳水杯，她虽然不是很喜欢那个颜色，但"财迷"的她知道是金姥姥从国外买回来的，不但很贵，而且还是公主用的，所以也就欣然接受了。萱萱妈于是每天早上都用那个杯子给她装牛奶喝，然后又如法炮制地给她买了一个很可爱的黄色海绵宝宝抱枕，过一阵儿又买了一件漂亮的艳黄色大衣……

　　大半年以后，萱萱妈又来找我，告诉我，也许黄色的能量有点多了。6岁的萱宝现在已经不像以前那样爱整齐了，而且还像话痨一样，见了人就大方地侃侃而谈，对很多事也不再那么仔细专注。我于是请萱萱妈减少生活中尽是黄颜色的现象，让她开始随着已经有思考能力的萱萱的喜好选颜色，并且尽量在生活中有接触到各种色彩的机会，只是在发现某个需要调整的问题时，再用适当的颜色去平衡它。

　　其实，萱萱的案例只是我帮助那么多孩子中的一个，我也用相同的色彩能量调整法，帮助过注意力不集中、爱打架、胆小、学习成绩不好的孩子们，也都有让人满意的结果。因此，总是有好奇的妈妈问我，为什么色彩能量对孩子会有那么明显的效果呢？

出生前宝宝就具备了视觉能力

　　回答这个问题之前，我先说一种爸爸妈妈们一定发现了，但却没有往里深究的现象：如果让还没满3岁的宝宝从各种颜色的玩具或糖果中抓起一个，绝大多数的情况下，他会先拿大红色的。你知道这是为什么吗？

　　那是因为宝宝在出生前3个月就已经具备了视觉能力，当外界的光线，如阳光、灯光，照射到准妈妈的肚子时，腹壁血管内红色的血液

能使透射的光线呈现红色，所以胎儿最初看到的颜色便是红色，也是他在妈妈的肚子里感到最安全的颜色。另外，红色能量所代表的生命和成长，也是一切都仰赖养育者的婴儿所需要的。所以，小宝宝对红色的偏爱，既来自于胚胎时期的情绪记忆，也来自于个体对生存的自然需求。

因此，从色彩心理学的角度来说，如果初生婴儿周围的环境被营造成一种淡淡的红色，比如，卧室的窗帘、婴儿床上的一块淡红色毛毯、婴儿床头上的红色挂件、奶瓶上的红色盖子……都能使宝宝睡得更为安宁，因为当他感觉自己处于一个犹如胎儿在母体内的红色环境时，那种熟悉的安全感，就能让他放松和安静下来。

人类有80%的初始情绪来源于图像记忆和其中所呈现的色彩

为什么色彩对孩子有这么大的作用？我们都知道对成年人来说，五感（视觉、听觉、嗅觉、味觉、触觉）当中，嗅觉是最直接和最容易唤醒情绪记忆的媒介，但是对婴幼儿来说，深植在他尚未完全发育的旧脑（又称边缘系统）里的记忆——也就是来自胚胎的记忆和祖辈基因库的记忆，却是用色彩和图像来联结的。科学家对大脑的研究发现，人类有80%的初始情绪来源于图像记忆和其中所呈现的色彩，而美国加州大学在1974年所发布的一份神经学研究报告中，也证实色彩是刺激婴儿大脑发育和认知建构重要的元素。

另外，从大脑的发育来看，胚胎在母体里，主管情感和图像的右脑就已经开始发育，到出生时右脑的结构已基本发育完善，6岁前则是它高度发育的阶段，一直到15岁左右就完全定型；而负责思考和语言的左脑发育则是从出生18天后才开始，3岁以后进入迅速发育的阶段，而在左脑尚未迅速发育的这段时间，右脑所接收到的信息会传递给左脑。

你留意到这段话的重点和玄机之处了吗？"在左脑尚未迅速发育的这段时间，右脑所接收到的信息会传递给左脑。"是的，这是儿童发展心理学、社会发展心理学，以及儿童色彩心理学中最重要的一句话。

从积极的角度来看，如果我们能在孩子3岁之前就利用主管图像的右脑所能接收到的方式来塑造它，就能借助右脑的良好发育来灌输并影响左脑在日后的表现，这个表现包含了思维的能力、想象力、理解力及对自己行为的自控力。

但从消极的角度来看，如果我们在孩子3岁之前，就错误地形塑了右脑，让右脑对自我的不正确评价，情绪的失控，因家庭氛围而剥夺了的安全感，等等，一股脑儿都灌输传递给了正在打地基的左脑，其所带来的结果，大家自是可想而知。

什么时候开始给孩子做色彩能量调整是最合适的

答案是2~3岁。

2009年2月，英国卫生部（Departments of Health，简称DH）联合新改制的教育体系（Departments of Children, Schools, and Families，简称DCSF）一起，成立了一个教育战略专案委员会，目标在为培养学龄儿童的情绪健康找到更为可行的方法。因为多项追踪研究证实，孩子如果能在7~8岁这个阶段就学习好管理情绪的方法，对他日后的学业表现、人际能力及预防偏差行为的产生，会有决定性的影响。

这项计划首先在英国40所公立小学，二年级和三年级的7~8岁小学生里试行，专案委员会采用了几种不同的方法，最后在报告书中做出了两个结论：一是对儿童来说色彩是最直接、最具有能量也最容易撤除心防的媒介；二是7~8岁儿童的情绪和行为能力表现，可以追溯至2~3岁时所接受到的教养方式。因此，年龄越小，色彩对情绪心理的引导作用和行为矫正的效果也越大，因此建议父母最好能从孩子2~3岁时就开始给他做色彩能量调整。

孩子的世界本来就充满了美好的色彩，他们既是一张纯净无邪的白纸，又是一个手握画笔的天才艺术家；他们既毫无保留地表达自己对色彩的喜好，也完全信任地接收养育者给他的色彩暗示。如果他们喜欢某一种颜色，通常意味着他在这个发展阶段属于那种颜色的人格

035

特质，或出于生存本能的提醒他自己需要那种颜色的能量来平衡。因此，我们只需要细心地观察孩子对颜色的喜好，从他最常用的画笔颜色、最喜欢的物件颜色、最爱吃的食物颜色等，找出可能对应的、需要被强化或削弱的情绪和行为，然后通过日常生活中的色彩去帮助他就行了。

实践篇

每一个孩子心里都有属于自己的颜色

让孩子在绚烂的色彩中成长

1986年深秋，儿子刚过完两周岁生日，我就出发到法国巴黎学习能辅助我进行临床心理治疗的色彩心理学。

初到巴黎，我每天晚上都要大哭一场，因为思念儿子的心像割肉一般，痛彻心扉。那个时候没有手机，没有Wi-Fi，没有免费的视频，高昂的国际电话费让盘缠有限的我，只能每周和家里通一次简短的电话，而且每次都只能听见儿子在他爸爸的威逼利诱之下，不明所以地对着话筒喊一声妈妈。

还好，这段艰苦的学习生涯带给了我丰硕的成果和超值的收获。我不仅仅成功地把色彩和绘画运用在对儿童的心理治疗工作上，也把它成功地运用在我自己的家庭和对儿子的养育上。我记得刚回到家的最初那几个月，心里怀着对儿子的无限愧疚，我像着了魔一样地重新布置客厅、粉刷卧室，给儿子买的衣服也都是深深浅浅的绿色，我那可怜的先生也只能在衣锦还乡的"专家"的威吓之下，跟在后面配合我各种神神道道的举措。

所幸，我的神神道道得到了辉煌的成果。

我在儿子深夜突发高烧的额头上用蓝色的湿毛巾为他降温，让他在绛红色的羊毛外套制服里穿上浅绿色的背心，在他用功准备期末考时，为他的书桌更换了黄色的灯罩，在他独自一人负笈英国时缝制了橙色的暖被，也在他为青春痘苦恼的时候叮嘱他多吃些黄色的瓜果。在老公、儿子、其他家人及我自己的实验中，我总是雀跃地验证了色彩能量治疗的神奇效果。

最棒的是，我的色彩心理学帮助我养育了一个达观的儿子。从3岁开始就在浅绿色环境氛围中成长的儿子，有一句有神奇自我疗愈功能的名言："又不会怎么样！"外号"卤蛋"，又黑又圆的他，抬全班午饭汤桶时，手一滑，打翻了，他说，又不会怎么样；自告奋勇参加各种比赛，却总是志在参加，不在得奖，他说，又不会怎么样；小小年纪一个人到英国住校读书，问他不会讲英语怎么办？他说，又不会怎么样。是的，确实是不会怎么样，所以他气定神闲地应对了各种挑战，21岁还在读研究生时，他就进入英国首相办公室担任新闻官。

如果你说："嘿！那是因为你们家的基因好，儿子本来就聪明。"是的，为此我真的感谢上苍，赐给我一个健康活泼的孩子。但如果我告诉你，儿子的幼儿园生涯其实非常坎坷，不知道能不能说服你相信养育比基因更重要。

　　儿子随我，心思细腻敏感，上幼儿园足足哭了两个多星期，每天都挂着眼泪，哑着嗓子回家。好不容易适应了学校，不哭了，但又因为爱说话，不守规矩，注意力不集中，每次去学校接他，老师都要向我告状。我问儿子："为什么总是爱说话被老师罚站呢？"他说："我没有啊！老师说森林里面有一只大野狼，我就说，老师，森林里面还有坏心眼的蛇、狡猾的狐狸和爱睡觉的斑马，然后老师就生气了！"

　　我知道问题出在哪里了！一方面儿子需要学习遵守纪律，需要更多的社会化教育，这是我们做家长的缺失，我需要教导他；另一方面，我发现他的才思敏捷，也许大班制教育并不适合他。于是我寻寻觅觅，给他换了一所幼儿园，两位老师带8个学生，让他有充分发言和得到关注的机会。我也找了一些和守纪律相关的绘本故事书，同时也自己编故事，告诉他群体生活所需要的教养和必须尊重他人。

　　但是更重要的是，我开始更有目的性地为他选择生活中适合的色彩能量。例如，已经满3岁的他需要多用左脑学习自律，于是我给他买了紫色的书包和帽子；他与生俱来的才思敏捷是优势，不能被压抑，所以我给他多吃黄色的食物，以及混合了橙红色胡萝卜和黄色橙子的果汁；为了能中和身体里的色彩能量，不偏于左脑，也不偏于右脑，我让他的卧室墙面仍然保持着淡淡的绿色，同时，在他的床头放了一盏粉红色的心形小灯，让他感受到爸爸妈妈对他的爱。

度过了坎坷的幼儿园，上小学三年级的儿子又遇到了另一个困难——体育成绩不好（这一点真的和我有关！）。他喜欢画画，喜欢看书，喜欢写作文，喜欢跑跑跳跳，但却投不进篮，跑得不够快。儿子高大威猛的爸爸有些焦虑，心想，这么身手矫健的自己怎么会有个那么手脚笨拙的儿子呢？于是，我们又启动了一个养育计划：周末爸爸负责陪他打篮球，教他投篮的技巧；神神道道的妈妈负责准备色彩能量水给他喝。

我准备了两种彩色玻璃纸，粉红色的和土黄色的，让他一周换着喝一种色彩能量水。粉红色的能量水能兴奋肌肉的张力和动能，让他的肌肉具有爆发力，但又不会像大红色能量那样过度兴奋；土黄色能量水混合了黑色和黄色，帮助他汲取来自土壤的智慧能量让他运动时拥有自信心。

结果，儿子的体育成绩虽然不如其他的科目优秀，但是他能投得进篮，也能参加班级田径比赛。不过好玩的是，儿子到了英国以后，居然成为了学校足球队和篮球队的队长，我们以为他大器晚成，结果收到体育老师的学期报告后才恍然大悟。老师的报告里写着：Kevin（儿子的英文名字）是球队里不可多得的球员，他的技巧虽然不足，但热情有余！

如今，我那个"又不会怎么样"的可爱儿子已然成家立业，我对他

的色彩能量调整也已经功成身退（但仍然磨刀霍霍准备施展在孙辈身上），我把对色彩能量的满腔热情和多年的专业经验，书写成文字，让它通过各个真实的案例，帮助我们掌握如何给成长中的孩子最适合的色彩能量，陪伴他迈过人生旅途中可能出现的坎坷，并且成为独一无二、最好的自己。

五彩斑斓的气球，像极了孩子们脑袋里的那些小小梦想。

每一个孩子心里都有属于自己的颜色

那个在幼儿园哭了一整天的孩子终于不哭了

幼儿园新生入园的头一两个星期，孩子们哭闹肯定是免不了的。但如果遇到哭了一整天的孩子，父母和老师就要格外关注了。

媛媛就是这样一个"爱哭"的孩子，她之所以引起我的注意，是因为老师特别提到了她的行为：媛媛第一天来幼儿园时，双手环抱着一个布娃娃，她安安静静地依偎着妈妈，看着妈妈教她玩积木。可当妈妈表示要离开时，她就会死死抱住妈妈大哭。纠缠了半个多小时后，妈妈才狠狠心，把哭闹的她交给了老师。媛媛见妈妈走了，一边哭一边往外面跑，手里还紧紧抓着布娃娃。

没办法，幼儿园的老师只好派专人负责照看她，原以为媛媛会像一般孩子那样，用玩具哄哄，分散一下注意力，就会安静下来。谁知只要老师一开口，她就以"我要去找妈妈"来回答老师，根本不理会老师说的任何话。

一整天下来，媛媛完全没有融入集体生活，也不理会别的小朋友，她除了吃饭、午睡时稍停了片刻，其他时间基本一直在哭，而手上的布娃娃却一直不肯放下。第二天，媛媛还是带着她的布娃娃来幼儿园，还是不肯让妈妈离开，还是哭了一整天，老师们都愁坏了："天天哭，何时是个头啊！"

就像老师说的那样，大部分的孩子第一次上幼儿园都会哭，有的连着哭几天，有的连着哭几个星期；有的只有妈妈离开时哭一会儿，有的则能哭一整天直到妈妈来接，嗓子也哭哑了。

从儿童发展心理学的进程来看，孩子的分离焦虑大约从8个月到14个月时开始。这么大的幼儿见到了陌生人或到了陌生的环境，会感受到威胁和害怕，尤其是当他所熟悉的、带给他安全感的养育者不在身边时，那种被威胁的恐惧和不安全感，对小小的心灵来说，是十分真实和强烈的。

分离焦虑是人类基础和重要的本能之一，它是人类得以继续繁衍的原因，也是人类保护自己和掌控环境的能力之一。正常的情况下，孩子的分离焦虑大约在2岁时结束，在这个年龄阶段，幼儿开始学习理解爸爸妈妈虽然离开了自己的视线，但他们一会儿还会回来，所以他不需要害怕，而这也是他们开始学习拥有独立能力的第一步。

但如果孩子没有在这个发展阶段掌握初步独立的能力，那么本来应该在2岁左右就逐渐消失的分离焦虑，就会伴随他一直到上幼儿园

时被触发，而且这个被触发的焦虑情绪，不仅仅会影响他适应幼儿园的团体生活，也会在家庭生活的其他方面表现出来。例如，训练和爸爸妈妈分房睡的时候会非常的困难，以及因分离焦虑而衍生出来的不安全感，例如怕黑、怕魔鬼的恐惧。

所以，如果要避免孩子上幼儿园时才被引爆出来的哭闹和抗拒，最好的预防和学习时间就要从孩子2岁时开始。不过，就算是2岁时已经建立了对分离焦虑的免疫力，上幼儿园的短暂分离压力（以及妈妈住院生弟弟妹妹时的短暂分离压力），也会触发它再次卷土重来，只不过时间和强度会容易处理得多。

分离焦虑的色彩能量法

色彩性格特征：紫色和靛青色

儿童心理学家在描述有分离焦虑的孩子的情绪性格特征时，会用到两个特征描述：缺乏信任和容易感觉自己被威胁。而这两个情绪性格特征，从色彩心理学的角度来看，对应的正是紫色和靛青色的色彩能量。

紫色孩子的分离焦虑思维结构是:

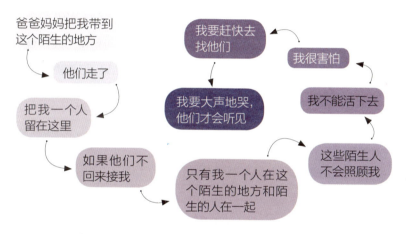

靛青色能量则在这个时候又进来掺和意见, 雪上加霜:

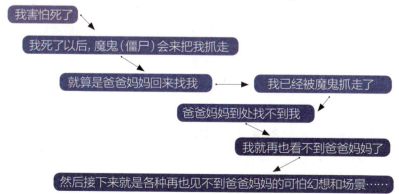

如果这个时候爸爸妈妈不明所以，以为孩子过于羞怯胆小，被溺爱得不独立，或甚至是故意任性逆反，而强行把孩子拉到幼儿园丢下走人，它所造成的后果，以及将来要用多少倍的时间和精力来修复所造成的创伤自是可想而知。而这个创伤所带来的结果，轻则影响了孩子在学校的课业表现；重则留下诸如社交恐惧症的心理问题。

适合的养育色彩：橙色和黄色

最适合的调适年龄：2岁开始

使用这两个色彩能量来对抗分离焦虑的原因是，多虑的紫色的对比色是拥有自信和驾驭情绪能力的黄色；而极度敏感的靛青色的对比色，则是能提供安全感、避免胡思乱想的橙色。

我们要从以下几方面帮助孩子：

1 相信爸爸妈妈只是暂时离开，帮助孩子建立他们还会回来接我的信任和理解力。这是由黄色的能量，也就是太阳神经丛所放射出来的信任和与生俱来的智慧能量所提供的。

2 从生活中以往的经验而得出的信任和安全感。例如，爸爸妈妈虽然每天早上都去上班，但是他们很爱我，所以每天晚上都会回家来陪我。这种信任和安全，来自于反射在腹腔的橙色能量，橙色能量能提供富足和满意，也是生命的安全感。

3 面对负面情绪时的掌控能力，也就是相信我自己的能力。例如，我虽然很害怕，但是我很勇敢……勇敢，必须来源于求生的意志和敢于面对困难的智慧，这些都是由黄色的能量所激发出来的。

在帮助孩子对抗分离焦虑的色彩能量实践中，为他穿上勇敢的"盔甲"，是很形象，也很容易理解的方式，这一点可以从衣服和被套的颜色选择上来实现。

给孩子多穿一些黄色、橙色，或黄橙色相间的衣服，就像是白天所穿上的勇敢盔甲和能保护他的盾牌；多于60%的黄橙色面料的被套和床单，则帮他在晚上睡觉时披盖上能充电的魔毯。它们的能量加持，可以帮助孩子在无可避免产生分离焦虑的8~14个月的年龄段之后，学习理解世界的生活规律和信任养育他的成年人，同时也慢慢拥有面对分离时所需要的勇气和能力。

另外，如果孩子的分离焦虑表现得过于激烈或持续的时间太长，就可以用能量水的方式来帮助他。能量水的制作方法是：第一个星期早上，在透明玻璃杯里装盛500毫升的凉白开水，将色泽饱满鲜艳的"橙色"色纸或玻璃纸绕着玻璃杯一圈，用橡皮圈或一小段胶带固定住，盖上盖子，放在能照射到充足阳光的地方。第二天早上，让孩子喝1杯已经照射了至少10小时阳光的橙色能量水，剩下的装在水壶里带到学校。第二个星期，把色纸改成"黄色"，制作方法则完全相同。如此交替1个月，再看看是否需要继续。橙色和黄色的能量水不用担心给孩子

喝得太多，因为它们的能量比较缓和，不会带来副作用。

不过，在这里要提醒的是，色彩心理学家亚尔修罗和哈德维克在《儿童在自由画中执着的颜色》报告中指出："儿童画中大量使用橙色和黑色时，代表的是表面上快乐、顺从，但内心却有许多不安的内向、胆小孩子"。他们对内心的感觉比一般的孩子敏锐，也容易察觉外界的眼光和情绪，因此对安全感的需求比较多，也容易逃避现实。

因此，出于自我保护机制，缺乏安全感和自信心的孩子会在绘画中使用橙色来泄露潜意识中所需要的真实情绪，但在生活中却反而讨厌橙色的食物和物件。所以遇到这种情形时，妈妈要刻意地给他橙色的能量，来增强和填补缺少的部分，同时达到体内能量的平衡状态。

另外，如果是为进幼儿园而预做准备，可以每天或每周抽出一点时间，牵着孩子的手，带他去看看几个月后或几周后要入读的幼儿园，指给他看哪里有好玩的跷跷板、滑梯，哪里是小朋友唱歌画画的地方，哪里是下课后爸爸妈妈或奶奶姥姥来接他回家的地方，让他对这个环境产生熟悉感，同时也产生"我长大了，我要去读书"的向往。

除此之外，准备一个稍大一些的指针手表，告诉他：今天早上时针指着10点的时候，宝宝会在幼儿园里和小朋友一起开心地吃好吃的点心（如果知道今天的点心是什么，那就更好。让宝宝印证一切都在爸爸妈妈的掌握之中，不会出错！），爸爸那个时候正在和叔叔阿姨们开会，妈妈那个时候在办公室里跟老板报告工作，等到时针指到12点的时候，我们大家肚子都饿了，都在吃午饭，吃完午饭宝宝睡觉的时候，爸爸妈妈又分别在做什么（越明确越好），然后时针指到下午4点的时候，宝宝就会在哪里看见姥姥或奶奶，然后就好开心地回到家，教姥姥或奶奶唱歌，然后爸爸妈妈在时针指到哪里的时候，就会回来亲亲白天好想好想的宝宝了！

这个方法的目的，是在消除敏感的紫色、靛青色孩子对万一爸爸妈妈不来接我的恐惧和疑虑，让手表上的时针，成为他理性思考的坐标，也把他对不确定结果的恐惧，转移到能掌握具体活动内容的笃定中来。当然，黄色或橙色的"护身符"在这个时候也能派上用场，可以让他装在背包里，带到幼儿园去陪伴他。

这个方法也可以用在每隔一段时间孩子才能见到爸爸妈妈的情况下。只需要把理性的坐标改成月历，把预期见面的日子贴上一个大大的、黄橙色的可爱贴纸，然后尽可能用详细具体的活动内容，把等待见面之前的日子填满。然后在每一次和孩子的视频或通话中，说说爸爸妈妈的活动内容，也让宝宝说说他的活动内容。

不该被忽视的乖孩子，需要我们的格外关注

有各种各样的孩子，有特别外向活泼的，也有特别安静乖巧的，有爱说爱笑的，也有动不动就爱哭鼻子的。其中，4岁的可可有一点点特别，她是一个特别乖的小女孩。

小班的孩子，她不像其他小朋友那样爱哭爱闹，也不会动不动就哭喊着要找妈妈。可可非常安静，不喜欢多说话，也不喜欢主动和别的小朋友玩耍。更多的时候，可可喜欢自己一个人安静地坐着，玩自己手上的玩具，或者看别的小朋友玩。

我第一次见到可可时，她安静地坐在凳子上，听她妈妈和我说话。看到她一句话都不说，我就主动问她："宝贝，你要不要玩玩具？"她轻轻地说："要。"我又问："你想玩什么？"她用手指了指布娃娃，一句话都不说。我继续问："可可，你很喜欢布娃娃吗？"可可点了点头，还是不说话。

可可妈妈叹了口气："金老师你看，她就是这样，别的孩子都争先恐后地要玩具，她却不是。可可不爱说话，不爱和别的孩子玩。有时候我主动问她，她也只是被动地一问一答或不回答。在幼儿园里，她显得特别乖，特别安静。"

可可正是典型的不用幼儿园老师过多操心的"乖孩子"，但她乖乖的外表下面，隐藏着一颗怎样的心呢？她真的是不想被人关注吗？她这种"乖乖"的交往方式正常吗？

除了可可之外，我还在医院工作的时候，身边也有一个这么乖的小男孩。我和他妈妈差不多在同一个月里怀孕，我在儿童心理卫生中心工作，她则是心电图室的医学技术人员，我们总在医院产科组织的妈妈教室里碰面，除了满怀期待地分享怀孕的心得，也一起出去采购婴儿用品。我们的预产期相差半个月，但我们家宝宝坚决多留了10天，她家宝宝又迫不及待地早来了5天，所以两个宝宝奇迹般地在同一天的早上和下午出生。

因此生产后，我们俩又总是在同一天到医院给宝宝进行健康检查和打预防针。我记得每一次打预防针时，我都会抱着大哭的儿子，心疼地看着她家宝宝在针头插进皮肤时，只是安静地流着眼泪，而每一次她在看见心爱的儿子眨着黑亮的大眼睛"隐忍地"流着眼泪时，也都会心疼地一起流泪，因为他实在是太乖、太懂事、太不闹人了。

　　孩子2岁之后，她开始真正地担心了。因为在游乐园里，乖巧安静的儿子成了其他孩子欺负的对象，别人把他从滑梯上推下来，他不哭不闹；别人抢走他手上的大红球，他安静地退让走开；看见别人手上的蛋卷冰淇淋，他只是看着，直到妈妈问："你想吃吗？"他才点点头说："嗯！"孩子的爸爸被这个看似胆小懦弱的儿子给急坏了，父子之间的关系因失望而越来越紧张，因此同样焦虑的妈妈不得不来寻求我们的协助。

　　对于这样乖巧安静的孩子，美国西维吉尼亚大学（West Virginia University，简称WVU）儿童发展心理学教授杰姆斯·C.麦克劳克基曾经在专业期刊里发表过一篇论文，他认为过于安静的孩子在寻求专业的帮助之前，需要厘清以下几个问题：

　　1 孩子的智力是不是稍微差一点儿？（不是智能不足，而是比一般水平稍微低一些。如果确认是因为智力而受到了影响，那么寻求这个领域专家的协助，是可以及早并更有成效地改善问题的。）

　　2 孩子缺乏语言沟通的能力？（不是不会说话，而是语言发展的进程较慢，低于同龄孩子的词汇量和口语表达的流畅度，这些影响了他的沟通能力让他展现出越来越低的意愿，因此在一次次挫折的社交经验中变得更胆怯和敏感。）

　　3 过于内向而缺乏人际社交的能力？（2~3岁年龄段，是因内向而形成社交障碍的关键时期，如果在这个年龄阶段孩子形成了社交障碍，那么这个问题就会跟随他一直进入到成年期。因内向而有社交障碍的儿童没有语言沟通的问题，只是因性格羞怯而宁愿选择不说话。）

4 过于严格的教养环境？（有些孩子在发展出语言能力之前是很活泼的，但是因为严格紧绷的养育氛围，限制了他的语言发展，因此在语言能力迟缓滞后的情况下，影响了他的人际社交能力和意愿。）

鉴于以上这几项有可能发生的因素，我们在进行下一步的帮助之前，必须先排除并确定它最有可能的形成原因，才能据此研究出最适合可行的方法。当年，对于这个快要满3岁的乖巧小男孩，我们先用能检测智力的积木和拼图排除他不是因为智力所造成的障碍，接着用画画来进行语言和情绪问题的诊断。

相同于对其他需要被帮助的问题，我们会从孩子画画中所使用的颜色、线条、构图及人物或物件的特征来找寻任何可能发现的蛛丝马迹。30年前，那个让爸妈焦虑不已的小男孩，在摆满了颜色饱满浓郁的油画棒、油彩软蜡笔、粉彩软蜡笔的桌上，偏偏选择了颜色很轻、很淡的水粉铅笔，而且画画的线条非常简单轻柔，好像很怕自己的动静太大而惊扰了别人似的。除了色彩的浓度和线条透露了心情之外，他所选择的颜色也让我们明白他的胆怯从何而来：整张画纸上，只用了深浅不同的蓝色和纷杂错乱的黑色线条！

过度乖巧胆怯的色彩能量法

色彩性格特征：蓝色和靛青色

蓝色能量对应的身体部位是整个颈部，也就是印度7个脉轮中的喉咙。颈部或者更精确地说是喉部，它是我们和外部世界沟通的部位——我们赖以呼吸的气管，在喉部；我们用以进食生存的食道，在喉部；我们借以与人沟通的声道，在喉部；我们抵抗外侮的重要淋巴腺体甲状腺、副甲状腺，也在喉部。喉部既是我们得以维系生命存活的部位，也是我们和外部世界联系并得以立足的部位。所以它代表了我和世界的关系，也是体现自我认知和自我价值的部位。（你现在明白为什么每次上台讲话或在KTV轮到你唱歌之前，我们都会清清喉咙的原因了吧？！还有，记得那个成语"如鲠在喉"吗？！）

所以，当我们觉得不被世界接受，不讨人喜欢，太失败而没有立足之地时，我们的喉部会出现问题，会偏爱能反映我们自卑而孤独的心灵境况的蓝色；但相反的，如果我们的语言能力是与生俱来的弱项，是影响我们敢于为自己发声的缘由，那么，我们也会偏爱蓝色，因为那是能帮助我们表达"有苦说不出"的问题的疗愈颜色。

至于对应了面部五官的靛青色，则代表了受困于语言表达能力，而在人际交往经验中屡屡受挫，并且养成了对别人的脸色特别敏感、特别小心的孩子的心理状态。我们都知道，如果一个孩子有表达心情的障碍，他可以选择坏脾气地摔东西或打人，也可以选择逆来顺受地接受现状，而太乖巧羞怯的孩子，则选择了既然无法为自己争辩，干脆就小心点、别惹事算了！所以，他们的心灵敏感，对外界的动静也如靛青色能量一般地小心翼翼。

适合的养育色彩：浅蓝色、浅绿色，以及比例稍低一些的淡红色

最适合的调适年龄：18个月左右开始

浅蓝色是最重要的生理疗愈色，因为它能激活喉咙的能量，放松因为紧张而一直绷得很硬、很紧的喉部肌肉，进而让声带、咽腔、喉腔、软腭、硬腭柔软，声音能自由地发出来。

运用浅蓝色能量的最有效的方法是给孩子喝能量水。每天早上，在透明玻璃杯里装盛200毫升的凉白开水，将浅蓝色的色纸或玻璃纸绕着玻璃杯一圈，用橡皮圈或一小段胶带固定住，盖上盖子，放在能照射到充足阳光的地方。第二天早上，让孩子喝了这杯已经照射了至少10小时阳光的浅蓝色能量水，同时再制作另一杯准备明天早上饮用。

不过，要注意的是，由于浅蓝色能量也有抑制身体活力和腺体分泌的作用。所以，第一，每天200毫升是最大的饮用量；第二，连续喝一个星期之后，就要暂停一个星期，也就是如果情况还需要补充蓝色能量，可以间隔一个星期再喝。

对应胸腔的浅绿色，则是增强孩子肺活量和心脏机能的疗愈色。不敢说话的孩子会不由自主地缩着小小的肩膀，他们不仅说话的音量小，就连呼吸和心跳也是小心翼翼的，所以需要浅绿色的能量来扩展胸膛，帮助肺呼吸的舒展，也帮助强化心肌的坚韧度。此外，浅绿色也是开阔心灵的颜色，让孩子仿若在绿野如茵的青草地上自由地奔跑和欢快地大声唱歌。

可以把浅绿色能量作为环境色来使用。给孩子选择至少有60%浅绿色的床单和被套面料，如果可能，在装修孩子的房间时，选择浅绿色或淡绿色的墙面颜色会更好。事实上，对3岁以上的孩子来说，浅绿色、苹果绿本来就是最好的养育环境色。

比例稍微低一些的淡红色，指的是在运用的次数上比例稍低，以及在面料的选择上比例低于40%。

红色是激活体能、刺激腺体分泌，加速循环的色彩能量，对羞怯的孩子有增强勇气的作用。但是它需要缓慢地进行补充，不能求好心切，否则反而会让孩子消化不了，尤其是年龄小而又非常安静的孩子。所以可以在食物中增加红色的能量，如稍微多吃一些鲜红的柿子椒、红苹果、红樱桃、蔓越莓等。另外，可以在衣服上增加一点红色的元素，例如，女孩衣服上的红色花朵、围巾、红色的发卡、辫绳，男孩的红领巾、红领带等。让孩子戴上、穿着红色能量所带来的勇气，去接触世界，去拓展自己。

　　当然，除了运用色彩能量之外，我们也需要在生活中引导并且帮助孩子克服他的困难。例如，一起舒服地蜷在沙发上读绘本，爸爸妈妈要尽量口齿清晰，但稍微慢一点地看图说故事，如果是故事书，则要用手指着字，一个字、一个字地读，让孩子学会如何流畅地说话，此外，在生活中，爸爸妈妈也要多说完整的句子，尤其是能表达感情的完整句子，例如，爸爸今天开车回家，路上的车子真多，大家都开得很慢像乌龟爬一样，爸爸握方向盘的手很紧张，所以都累得伸不直了。（而不是：今天路上真堵，累死我了！）

　　最后，也是最关键的，我们一定要给予已经很无辜的孩子足够的耐心和宽容，陪着他一步步学着拥有为自己发言的能力和勇气。我们越焦虑、越不耐烦，孩子就越紧张、越往回缩。如果我们错过了他可以克服障碍的黄金关键期，日后就需要用更大的努力和代价来解决孩子成年后的困难了！

无理取闹的孩子，他的要求真的"无理"吗

凯凯，今年3岁。他是个有点执拗的孩子，比如，拿东西一定要他指定的人，并且按照他指定的方式来拿，否则就哭。穿鞋子一定要先穿右脚，否则就闹。玩具一定要放在固定的"家"里，否则就吵……

更为严重的是，每天妈妈下班回来，他都要抢着去给妈妈开门。有一天，妈妈按门铃时，姥姥刚好在门边，就先打开了。结果凯凯大哭大闹，非要把妈妈推出去，关上门，让他重新再开一次。姥姥觉得没必要，可凯凯一边哭一边说："这和我想的不一样，必须按照我的要求做，必须改过来，为什么你们都不听我的？"

看起来，凯凯特别像一个无理取闹的孩子，一旦事情的发展和他想象的不一样，或者不按照某个固定的程序进行，他都会觉得难以接受，有严重的恐慌感，继而反应激烈。面对这样的孩子，凯凯妈妈觉得特别无力，她不知道自己的孩子为什么秩序感这么强，每次稍微有一点改变，都会引起这么大的"风波"……

　　根据世界卫生组织的统计，大约有1%~3%的儿童有不同程度的强迫症，也就是说，每100个孩子当中，就有1个到3个像凯凯这样执拗的孩子。有位儿童心理科医生说，儿童的强迫症，不管是强迫心理或强迫行为，都像是脑子里住着一个横行霸道、专门欺负人的坏人，因为儿童所表现出来的偏执，其实是一种焦虑的情绪反应，他们脑子里想象出来的各种不同的可怕景象，只有在通过"我做了这件事"之后，才能解除被控制的魔咒，而且，因为这种因焦虑而衍生出的恐怖影像会一直存在脑子里，所以需要不断地重复做这件事，这可怕的魔咒才能被一次又一次地击溃和化解掉。

　　虽然儿童强迫症的确诊年龄大约集中在10岁以后，但是有些孩子从3岁开始就表现出了这种倾向，而且在5~6岁时开始特征明显，其中男孩出现的比例又比女孩高得多。所以如果家长能越早发现，就越能很好地在初见苗头时改善它。（强迫症的高发期，也是对家长或孩子最艰难的时期，是在青春期即将结束之前。这时，男孩女孩的比例就趋于相同了。）

　　对于学步期的幼儿来说，根据颜色、形状、大小、质地，来辨识物品并为物品归类，是认知发展进程和学会解决问题的必要方法之一，这原本应该是十分正向和积极的，是绝大多数的家长希望孩子能拥有

的能力。另外，孩子如果能在游戏中学会遵守规则和秩序，也是绝大多数的家长所乐于见到的良好品德。但是有些孩子会在这个过程中被"卡住"，原因可能是因为家族里确实有此问题的遗传基因，或因为孩子的抽象思维能力还没有发育完成，因此无法分辨想象的威胁和真实的威胁之间的区别。

但不管儿童"强迫症"的形成原因为何，专家们都一致认为它是可以被及早干预而完全治愈的，而且建议爸爸妈妈们要理解并留意以下几点事项：

1 孩子的某些重复性行为或坚持的偏执，对我们来说也许不具有任何意义，甚至不堪其扰，但对孩子来说，却是在那个当下非常具有意义的。

2 孩子脑子里所想象出来的恐惧和因恐惧而遭受的煎熬，是十分真实的。他们真心以为，如果自己不采取措施，就会有坏事发生（通常是发生在他最爱的人身上），而且那个虎视眈眈的恶魔就一直在那里盯着他看，所以他不得不这么做。

3 当他重复做了某种行为，或坚持按照某个次序做事之后，他会获得"这就对了"的心理安慰，尽管这种疏解只是暂时的，但对他来说是很重要和必要的。可惜的是，这种暂时的心理喘息所带来的，是下一个重复的动作或思维。

4 如果孩子生长在管教十分严苛的家庭，或生长在一个总是以鬼神来吓唬孩子的家庭里，有些人格特质的孩子就很可能会产生一个联想：我如果不这么做，就是一个非常不好、会遭到谴责（天谴）和惩罚的孩子。

5 最后，也是最重要的是：理解他不是故意无理取闹，是伸出援手帮助他的第一步。

认知行为治疗（Cognitive-Behavioral Therapy）是目前对强迫症和儿童强迫症最成功的治疗方法。它并不是传统意义的谈话治疗，而是透过行为来引导认知并建立新的思维习惯。许多专科医院都有训练有素的专业治疗师能提供这方面的治疗，如果孩子的情况已确实需要专业治疗的介入，可以朝这个方向去寻求协助。

那么，我们怎么利用色彩能量疗法来帮助有偏执行为倾向的儿童呢？

儿童偏执行为的色彩能量法

色彩性格特征：紫色

如我们在第102~107页讲儿童恐惧情绪中所提到的，胆小和容易恐惧的孩子的色彩性格特征，是思虑太多又天马行空的紫色，而孩子的强迫和偏执，则完全就是因为忧虑有坏事就要发生，而控制不住地害怕。

　　例如，也许3岁的凯凯有一天在家和姥姥一起看电视，电视里突然插播了一则新闻快报，快报播音员以十分高亢急促的音调说，有30多辆车在高速公路上追撞，电视画面中播出了一辆油罐车燃烧时的熊熊火焰和用担架抬出来受伤驾驶员的场景。在那个时候，心思敏感细腻的紫色男孩凯凯吓坏了，他想到妈妈每天开车出门上班，会不会和电视里的人一样？这个可怕的念头在那个当下被植入进了凯凯的小脑袋里，不但挥之不去，还越想画面就变得越恐怖，而唯一能让妈妈免于灾难的，就是他要改掉曾经让妈妈不开心的坏习惯（不收拾玩具），或把脑子里的画面固定在某个他能量强大，受到夸奖的画面，例如，好能干地帮妈妈开门。

　　但是当他执拗地重复做这些事，或偏执地一定要按照自己的方法来做时，不胜其扰的姥姥和妈妈却骂他不乖、不听话，再这样就不喜欢甚至不要他了，于是他的焦虑和恐惧加深，脑子里的恐怖画面也越来越恐怖……这就是可怜的紫色凯凯，一个面对妈妈即将遇到的灾难却无能为力去拯救，而且更惨的是，妈妈还生气他是个不听话的忧虑的小男孩。

　　也许有些紫色的孩子不会表现得像凯凯一样的偏执，但他们会在成长的某个阶段中表现出相似的特征，例如，必须是姥姥帮他拿水杯到客厅来；穿鞋时一定要先穿右脚；每天晚上睡觉前一定要爸爸确认所有的门窗都锁好了；甚至出门时，一定要先踩3块方砖，才能踩碎石子地。这些看似不可理喻的偏执，其实在我们成年人身上也会偶尔出现，例如，穿某一件衣服能带来好运；今天出门绝对要避开猫或狗或什么的，否则即将要成功的大案子就会功败垂成。这些无法用科学解释的迷信，其实不也是一种偏执吗？

适合的养育色彩: 金黄色

色彩心理学家形容金色的人格是: 我是(I am)。这种面对毁誉而不为所动的霸气性格，来自于内在的成熟定力和了然于胸，就像金子在被挖掘出来之前已经在地里埋藏了千万年，而成为品质完好的千足金之前又必须经过烈焰的千锤百炼。因此，金色拥有深度的智慧和巨大的疗愈能量，就像融合了七色光能量的太阳一样，能赶走占据在脑子里那个横行霸道的恶魔，又能用巨大的光芒，把脑子里曾经幽暗的空间照耀得亮堂堂，没有一个恐怖的死角。事实上，在医院的彩光治疗中，金色光束是有自杀倾向的重度恐惧症和忧郁症患者最好的色彩能量治疗。

虽然金色并没有直接对应的身体器官，但它是黄色的延伸色，所以和黄色混合在一起，能拥有很好的舒缓神经系统的生理功能。

对于像凯凯这样的孩子，我建议使用高密度的色彩能量疗愈方法，就像是把一道强烈的金黄色光束直接照射到他的身上一样。做法是模拟医院里的采光疗法。

第一步：将落地灯的灯泡改成瓦数高、很明亮的金黄色灯泡。

第二步：妈妈搂着凯凯坐在沙发上聊天，将落地灯的光束直接照射在凯凯的头顶上。

第三步：妈妈温柔地引导凯凯说出自己的担心。例如，"如果不是凯凯帮妈妈开门，会发生什么事呀？"

第四步：耐心地等待凯凯的回答。凯凯年纪小，语言表达能力和词汇量都很有限，再加上恐惧和焦虑，不可能立刻流畅地说出脑子里那个挥之不去的可怕景象，更何况这个景象对他来说是如此的真实，他也确实需要勇气把它们说出来。

第五步：如果第一次凯凯没有回答，只是重复地说："我就是要帮妈妈开门。"妈妈就要理解地搂着他说："谢谢凯凯那么关心妈妈，帮妈妈做事。"然后就把话题挪移到无关的事情上。千万不要强迫他一定要回答这个问题。

第六步：这个方法可以每天晚上重复地做，一直到凯凯放心地说出他脑子里的画面，同时在日常行为中有所改善为止。

除了高密度的金黄色采光疗法之外，日常生活里均衡的色彩对凯凯来说也很重要。不管是食物的色彩均衡或衣物的色彩均衡，都能平衡凯凯体内的色彩能量，也能创造健康的体内能量环境，以增强金黄色光束的疗愈强度和心智对色彩能量的反应灵敏度。

色彩心理学家形容金色的人格是：我是(I am)。

每一个孩子心里都有属于自己的颜色

为什么孩子这么好动，是因为你没有足够吸引他

　　我第一次见子豪是在我的办公室，那时的他被爸爸带着来见我。看起来他是个很害羞的小男孩，当时我还在想这么大的小男孩怎么会这么腼腆呢？但经过他爸爸的描述，我才发现自己对子豪的最初判断是错误的。

　　子豪在幼儿园里是一个非常爱动的孩子，与我最初见他的印象简直判若两人。上课时，别的小朋友都认真地坐在自己的小椅子上，而他则会在老师讲得津津有味时突然发出"啊""呀""哈哈"的声音来吸引别人的注意，同时还会做出超人、钢铁侠、金刚侠等形象的"招牌"动作，让老师和孩子的注意力都转移到他的身上，而且几乎每节课都会这样。老师多次委婉地提醒子豪爸爸注意这个情况，子豪爸爸也多次和子豪谈心，但收效甚微。

　　面对如此好动的孩子，我选择了一堂折纸课，与他一起共度了40分钟。令我感到惊讶的是，子豪在这堂对专注力要求比较高的折纸课中，他表现得非常专注和认真。仔细想来，子豪是不是在用动作提醒幼儿园老师："你上的课没意思，不好玩，我没有兴趣。"也许，我们对子豪的"多动"有误解呢? 我们是不是不能因为孩子好动而一味否定孩子呢? 我们是不是要先了解孩子内心的真实想法呢?

　　我相信子豪的问题也是现今许多孩子共有的问题: 好动, 以及注意力不集中。全世界的专家们一直都在为这种现象寻找答案, 因为经过一个世纪的繁荣生活, 今天, 有上述问题的孩子是100年前的3倍, 光是在美国, 就有400万个以上的儿童正在服用ADHD (Attention Deficit Hyperactivity Disorder, 注意力不集中以及多动症) 的药物, 可见这个问题存在的普遍性。

　　不过, 专家们也承认, 由于社交媒体的便捷和快速传播的原因使然, 让许多家长患了杯弓蛇影的焦虑症, 只要孩子表现出好动或对某些事情的专注力不够, 脑子里就立刻浮现出"多动症"这3个字, 而一旦这个标签被贴在孩子的额头上, 或烙印在父母的思维中, 我们就会开始对号入座, 让亲子关系和家庭氛围变得更焦虑和更不宽容。那么, 面对为数众多像子豪这样的孩子, 我们应该怎么做呢?

　1 首先, 我们要确认孩子是不是在任何情境下都是无法专注的? 以子豪为例, 他在玩折纸游戏时, 是可以专注和认真的。

　2 那么, 哪些活动内容能让他专注, 哪些活动内容不能让他专注? 对子豪来说, 自己一个人能安静专注地折纸; 在幼儿园里和很多小

朋友在一起时，不能专注。

　　3 如果对某些活动内容能专注，那么，他能专注的最长时间是多久呢？

　　子豪的最长专注时间是40分钟。

　　4 最后，仔细观察一下，有哪些诱因会分散孩子的注意力，影响了他的专注？

　　子豪在治疗室空无一物的空间里，可以自己一个人玩折纸40分钟；但是在幼儿园挂满五颜六色的动物海报和卡通画的教室里，和其他小朋友坐在一起时，他的专注力就受到了影响。

　　心平气和地观察并回答以上4个问题之后，我相信此时爸爸妈妈对孩子所谓的顽皮好动表现，会有一番新的理解和认识。如果孩子的表现真的需要专家的介入，不用担心，现代医学对ADHD的治疗已经非常成熟，而且根据医学研究事实表明，随着孩子年龄的增长，在大脑前额叶皮质发育逐渐成熟的生理情况下，孩子会对多动行为和注意力有自我约束的能力，所以只要不让他在还小的时候因为多动而被贴上标签，或损及自尊和成就动机，即便是确认了ADHD的诊断，也不是对孩子将来注定会一事无成的判决。

　　但如果经过观察，孩子确实只是因为老师讲课或课本的内容不吸引他，或教室的情境分散了他的注意力，那么，我们应该怎么做呢？

▌每周3~4次的有氧运动，是帮助孩子专注和获得成就动机的有效方法之一。

对运动的选择，除了考虑孩子的兴趣之外，也有需要家长留意的地方。首先，不要选择必须与团体一起的运动。因为很多时候，注意力不集中的孩子会因为受到其他小朋友的干扰而影响学习表现，所以在团体运动中，很容易因此而受到老师的责骂而感到自卑，或因为表现不好而被其他小朋友排挤。所以游泳、保龄球、网球、武术都是很好的选择，不过，如果选择武术，也需要排除那种需要大声喊叫的武术训练，最好的训练情境是安静和专注地练习。

一位专门治疗ADHD的专家认为，保龄球是多动孩子很好的选择，因为孩子需要抓着重重的保龄球，这对放松他的手腕肌肉很有帮助。而我们知道，一旦手腕肌肉放松了，全身的肌肉也就放松了。如果和色彩能量配合，我还建议可以帮孩子买一个深浅绿色相间的保龄球或深绿色的护腕带。

另外，送孩子学某项运动或活动时，也要注意班级孩子的年龄。有专注力困难的孩子一般会比同龄孩子的专注时间少，大概与比自己小2~3岁的孩子相同；情感和语言表达的能力也会低2~3岁的程度，如果让他和同龄孩子在一起参加课外活动，只会是痛苦的、自卑的状态累加，更是学校教室的延伸，所以，报名时可以考虑选择比孩子年龄低

2~3岁的班,因为和比自己年龄小的同学在一起,对他来说也是很丢脸的事。

2 如果实际情况允许,尽可能送孩子到班级人数较少的幼儿园。幼儿园是孩子第一个接受社会化教育的启蒙环境,他对自己的认识,对他人的认识,以及对世界的认识都从这里开始。如果这个环境是友善宽容的,是容许他发挥自我优势的,他就能有更从容宽裕的时间,让前额叶皮质发育成熟,也让自己在不被苛责评价的成长环境中,给予自己正确的自我定位。

多动和注意力不集中孩子的色彩能量法

色彩性格特征: 红色

很多爸爸妈妈以为孩子的好动和无法专注,是因为他们不服管教和故意不听话,所以常见的场景是精疲力竭的爸爸妈妈,要不是苦口婆心地和孩子谈心劝导,要不就是拿根小棍子在书桌旁压着。事实上,专家们一再地说,孩子不是不愿意好好地坐着,实在是因为他们"没有能力"好好地坐着。从色彩能量的角度来看,孩子体内过多的红色能量,是让他即使想要乖乖地坐着,却没法好好坐着的元凶!

在色彩心理学中,红色的性格所代表的是旺盛的肾上腺素分泌和比一般孩子快速运转的生理功能。肾上腺素主要作用于中枢神经系统，能提高兴奋度，使机体警觉性提高，反应灵敏，同时让呼吸加快，心率加速，血压升高，肌肉紧绷，把情绪和身体都引导向本能的"战斗态势"。（当病人休克昏迷时，医生在抢救时所注射的"强心针"就是肾上腺素。）因此，属于红色性格的人，通常表现出热情洋溢、勇敢坚强、行动力强，有用不完的精力，但也容易冲动行事的性格特征。

红色性格的孩子学东西很快，因为他们反应敏锐，但失去兴趣的速度也快，因为他们最弱的部分就是持续力，所以上小学之后很容易因为这个特点而受到挫折。不过，他们也是让老师又头疼又喜欢的"淘气"学生，他们乐于助人，很愿意帮助老师、同学，对学校和班上活动的参与度很高，也是个相比其他同学来说，情商比较高的好孩子。因此，我们要对这些不是故意"坐不住"的孩子有更多的理解和耐心。

适合的养育色彩：深绿色和浅绿色，以及加了些黑色的深黄色

最适合的调适年龄：2岁开始

绿色是红色的削弱色，能中和红色，也能对抗体内过多的红色能量。

深绿色影响的是生理的能量，就像我们远远看见一大片在绿荫深处的深绿色草地，就很想躺下来，在阴凉下舒展四肢，同时做几个大大

的深呼吸一样。深绿色能量能强制压抑孩子体内一触即发、到处兴风作浪的红色冲动，让他在行动前停顿几秒钟，也就是有了这几秒种，孩子能允许理智的左脑出来干预冲动行事的本能，想起爸爸妈妈和他说过的话。另外，深绿色能量也能放松他一直处于兴奋贲张的肌肉状态和神经亢奋状态，让他更愿意，也更容易听得进去老师所说的话。

浅绿色则作用在孩子的心理能量层面。多动孩子从小听过最多的一句话就是："不行！不行！不行！"他们听到大人对自己的评价也都是："不乖！不听话！伤透爸妈的脑筋！"所以他们的成就动机很低，即使下定了决心要做个好孩子，最后也是无功而返，反而更落实了自己没法让爸爸妈妈满意的高挫折和低成就。他们因此需要能允许自己再次努力、再次尝试的自我宽容和来自内心深处的勇气，而浅绿色所提供的生命能量，就是能帮助他愿意再试一次的勇气和动力。

面对这样的孩子，我们可以把深绿色和浅绿色作为环境色，即使需要重新粉刷墙面也是有价值的，因为孩子一旦在学校里落后，将来要花的时间和精力成本会更多。环境色的选择可以是：浅绿色的墙面（在深绿色的空间里待久了，孩子可能会变得懒散），70%~80%深绿色面料的床单和被套。另外，要多吃深绿色的叶菜，菠菜、甘蓝菜都是又营养又有好能量的深绿色叶菜。

除了深绿色和浅绿色之外，生活中可以增加一点深黄色，也是孩子需要的，可以增加自信的色彩能量。所谓的深黄色是指在黄色里面加入大约20％的黑色。黄色是与生俱来的聪慧和相信自己能做到的能量色，但是对多动的孩子来说，很可能把它解读为盲目的自信，因此要加入20％左右的黑色，让他对自信有一些符合现实的制约。

我们可以把深黄色运用在书桌上，例如，在书桌上放一盏深黄色灯罩的阅读灯，如果孩子的书桌面对着墙壁，可以把墙面漆成淡黄色，或挂一幅有大面积深黄色的图画。另外，孩子的衣服也可以着重在浅绿色和深黄色的搭配，我们希望他在和其他小朋友相处时，一方面能安静从容，另一方面又能拥有自信。

每一个孩子心里都有属于自己的颜色

得不到想要的东西，他就变得具有攻击性了

　　每周一次的球操课上，老师和孩子们正讨论着游戏规则。4岁的小哲忽闪着大眼睛，直勾勾地盯着操场中间的大球。选择运动器械的音乐刚一响起，小哲就撒开腿，朝大球跑过去。这时，操场上的大球只剩下1个了。

　　小哲和鑫鑫同时拿到这个大球，两人你不让我，我不让你地争起来。小哲大喊："给我，是我先拿到的。"鑫鑫不放手，说："不对，是我先拿到的。"小哲不想放弃："我要玩，我要玩！"鑫鑫没办法，只好提议："我先玩，等会儿交换场地的时候再给你玩好吗？"

　　令人没想到的是，小哲松开拿着大球的手，猛地抓起鑫鑫的胳膊，狠狠地咬了一口。鑫鑫痛得立即松开了手，哭了起来。小哲顺利地拿到了大球，跑到一边玩去了。老师看不下去了，说："小哲，不可以打小朋友，一起好好商量好吗？"

　　"不行！"小哲拒绝了老师，同时把大球扔向了老师。"天哪！"小朋友们惊呼起来，四处躲避。面对这样具有攻击性的孩子，老师头疼得不得了，只好再次请家长到学校来。

老师办公室里，你看见一个家长羞愧难当地坐在那里听老师讲话，他的孩子可能今天又在学校里打架，打伤了同学，踢坏了桌子；商场里，你看见一个又丢脸又生气的妈妈，拖着又哭又叫、两腿乱踢的孩子往外走，他可能为了得不到一个机器人而控制不住地发飙、乱摔东西；客厅里，你看见趁着大人不注意的时候，一个孩子用力地拽着另一个孩子的头发往沙发上撞，口中还喃喃发出怒吼的声响……

这些孩子的激烈表现，让大人又头疼又担心，既怕他们让自己丢脸，又怕他们因此养成暴力行为，将来一发不可收拾。因此几乎所有的家长在遇到孩子乱发脾气、打架、暴力相向时，都立即采取“镇压”的方式，这样做有些时候确实可以遏制激烈行为的再发生，可有些时候，却更助长了激烈行为的强度。因此，知道如何处理孩子易怒、暴躁的性格和行为，不让它成为日后的隐患，确实是件很需要学习的事。

不过，在说明诱发孩子的易怒性格和如何用色彩能量来帮助之前，我想先请爸爸妈妈们宽宽心：任何一个孩子都可能会有表现“暴力行为”的瞬间，这是人性，也是情绪还没有完全成熟的他们表现挫折的方式，所以不需要惊慌，也不要立刻下结论，只要正确地处理，就能够避免日后可能发生的危机。

根据研究统计，以下几个因素是促使孩子暴怒的诱因：

▌自觉受到不公平的待遇，但又不知道该如何表达。

2 觉得寂寞、孤独，甚至害怕，没有朋友，所以就用激烈的行为来引起别人的注意，或掩饰内心的慌乱，以借此表现自己的坚强。

3 有话想说，或想表达，但一直没有被聆听，尤其是在没有爱、不安全或被忽略的环境里成长。通常孩子在家里的角色都是被教导、被要求、被指派。他们不太有机会去表达自己的感受或意见，如果一直被压抑着，有一天爆发出来时，突然感觉自己的想法被重视了、被看见了、被听见了，于是就增强了这个诱因。

4 有的时候孩子的攻击性行为是被大人所默许的。我们希望看见孩子能保护自己，为自己反抗，为自己争取，所以当他们做出一些反击的行为时，也许看见了父母嘉许的眼神，于是他们就误以为这是取悦爸爸妈妈的一种方式，久而久之，就渐渐地养成了这个坏习惯。

5 当然，请不要忘记我们是孩子的榜样。如果我们处理问题的方式就是生气发怒、大吵大叫，甚至拳脚相向。那么孩子在有样学样的心理动机之下，自然也会学会用这些方法来处理自己的挫折情绪。

攻击性行为的色彩能量法

很多大人以为孩子的攻击性行为是他们故意捣蛋，故意不听大人的话。其实，对2岁以下的幼儿来说，伸手"打人"或"抢走"小朋友手上的玩具，只是因为他们不知道该如何适当地表达自己的想法，也不知道出手的轻重，所以只是做了他们在那个当下想做的事和想要的东西罢了。

所以遇到1~2岁孩子出现所谓的攻击性行为时，大人只要不动声色地转移他的注意力，拿一个他喜欢的玩具放在手上，中断打人或抢玩具的行为就可以了。如果我们的表现过于激烈，孩子会觉得：欸！真好玩，我再试试看！事实上，对2岁以下的幼儿来说，任何行为只要得到了大人的注意力，不管是赞美或挨骂，都会强化他继续再做的动因。

但是，如果孩子已经进入社会化阶段，初步懂得行为规范的2岁以上，而攻击性行为仍然是他最常见的情绪反应时，我们就需要考虑如何帮助他学习管理情绪和表达情绪的方式了。

色彩性格特征：红色

从儿童色彩心理的角度来说，容易有情绪冲动，喜欢用肢体行为来宣泄挫折情绪的孩子，多半属于红色性格，也就是红色能量太多的情况。画画时，他们会选择浓烈的红色和大面积的黑色，例如，很常见的是，原来用红色画太阳，画着画着又加入了黑色，然后就一发不可收拾地用黑色的杂乱线条盖住了所有的红色。

如前文所说，在色彩心理学中，红色的性格所代表的是旺盛的肾上腺素分泌，而肾上腺素会把情绪和身体都引导向本能的"战斗态势"，因此，红色是所有色彩中，最动物、最原始、最本能也最霸气的生

命象征。而杂乱的黑色则代表了他既生气但又找不到出口的挫折，是压抑窒闷的能量。

适合的养育色彩：浅绿色和蓝色

因此，当我们用色彩能量来帮助动不动就发火打人的孩子时，除了生活中要尽量避免给他太多的红色之外，还需要用红色的对比色，也就是它的补色——绿色，尤其是明亮的浅绿色，来中和、平衡它。对红色能量太多的孩子来说，绿色除了能中和红色躁动的能量之外，它所对应的胸腔部位除了有心脏，还有主宰呼吸生命气体的肺，因此能帮助孩子在学会控制情绪时的深呼吸和缓慢吐气，除此之外，也能帮助大脑获得更多的氧气，有助于我们冷静下来获得思考的力量。

对有攻击性冲动行为的孩子来说，要尽量让他生活中的环境色集中在深浅不同的绿色能量里。如果孩子的攻击性行为已经到了需要家长忧心的地步，那么投入精力和物力来改换墙面和窗帘的颜色就是十分必要的，因为他需要在加入了白色光芒的浅绿色能量的包围中，学会放慢呼吸和心跳的速率，同时让绿色的能量抑制一直处于兴奋状态的肾上腺素分泌。

另外，容易冲动行事的孩子在生活中其实也充满了挫折，他们总是被骂，总是在对各种各样的错误反省中，他们的成就动机很低，自信心也弱，他们并不是不想做个乖孩子，只不过缺乏在冲动时控制自己的能力，所以生活中也要添加一些浅蓝色的能量。浅蓝色除了能帮助绿色减缓肾上腺素的分泌，让孩子动不动就出手打人的冲动性行为暂缓几秒钟之外；还因为蓝色对应了喉部的能量，能很好地帮助孩子学会用语言取代肢体动作来表达自己的不开心。

我们可以把绿色和蓝色作为这些孩子的疗愈色。例如，多穿一点蓝颜色的衣服，深蓝浅蓝都可以，尤其是上半身的衬衫颜色，让接近心脏和喉咙的蓝色能量，在白天的人际交往中一直发挥着稳定他的情绪的作用。至于绿色的能量，除了包围他的环境色之外，还可以体现在为他准备的食物中，深绿色的叶菜，深绿色的奇异果都是很好的能量食物。

很遗憾的是，攻击性行为是目前发生在全世界孩子身上比较显著的问题行为之一，不管是因为焦躁的生活方式，总体环境的污染或食物添加剂的影响，越来越让人担忧的校园暴力和网络暴力，让我们不得不正视这个问题，我因此想多用些篇幅来说说它。

对有攻击性行为孩子的教养建议

美国杜克大学心理系针对儿童攻击性行为做了一项长达4年的行为观察研究，研究对象为分布于全世界9个国家，代表12种社会文化习惯，共1299名8岁的学龄儿童。这项重要的观察研究报告除了刊载于专业心理学期刊《美国国家科学院院刊》（Proceedings of the National

Academy of Sciences）上之外，也在英国路透社（Reuters）做了专题报告。

研究报告指出，8岁是一个人心理社会化的关键节点，如果在8岁时建立了一种固定的社会化行为模式，那么这种模式就会伴随着他进入成年期，并且对日后的为人处世和社会成就造成决定性的影响。

在这份观察报告中也指出，儿童的攻击性行为的最大来源是他们不知道如何应对自己的愤怒情绪，而他们的应对方法则和他们如何被社会化有直接的关系。所谓的如何被社会化，指的就是他们是怎么被成人对待的？他们观察到了什么？从他们所观察到的行为中学到了什么？他们的行为是否被强化了或削弱了？

幼小的孩子由于还没有控制情绪的能力，所以只会用最直接的方法：踢、咬、打、推，来表达和宣泄情绪。所以父母帮助孩子学会控制攻击性行为必须从孩子很小的时候开始，而且我们必须理解，即使是很小的孩子也会有愤怒的情绪，只是他们不知道正确的表达方式而已。

设定非常明确的底线

孩子必须很清楚地知道哪些行为是可以被接受的，以及哪些是绝对不被允许的。这个行为底线必须是所有的养育者都遵循的，而且也都按照相同的反应方式来对待他的不被允许的行为。因此，一旦有了攻击性行为就必须立刻被制止或处罚，而不是恐吓他说："看你爸爸回来怎么收拾你！"或"晚上妈妈回来，姥姥会告诉她你不乖！"

帮助他学会用其他的方法来表达情绪

1 训练孩子用正确的词汇来描述自己的情绪是专家们一致公认最基础，也是从学龄前就要开始训练的方法。怎么做呢？

美国国家教育委员会在2000多所幼儿园大班里实行了一个方法，让小朋友围坐在老师身边，老师从小圆桌上的一叠图画中选出了一张，画的是一个小男孩杰夫从另一个小男孩瑞奇手上抢走了一个模型玩具。老师问全班小朋友："你们觉得瑞奇感觉怎么样啊？"一个4岁的小女孩举手回答说："他很生气！"老师问："你们怎么看得出来他很生气呢？"一个急着回答的男孩说："因为他的脸都扭在一起了！"老师点头微笑着说："非常好的答案。"然后继续问，"你们觉得如果瑞奇现在对着杰夫大喊或推他，杰夫会觉得怎么样啊？"另一个害羞的小男孩说："我想杰夫会很伤心！"

接着，老师开始进入另一个教程，她带着小朋友以角色扮演的方式，练习用"我"来表达情绪：例如，当……我觉得很生气，当小朋友能在事发当下先学会用语言来表达自己的生气时，就不会立刻伸出拳头或大喊大叫。

2 根据年龄教给小朋友们一个可以随时采用的方法来控制和转换自己的攻击性行为冲动。教育委员会的教育心理学专家们给出的方法是：

● 3~5岁的孩子

当孩子觉得生气时，让他们吹泡泡。吹泡泡需要先深呼吸一口气，然后再把胸腔里的空气慢慢地全部吐出，这正是控制情绪最好的方法——深呼吸，慢慢吐气。

刚开始的时候，家长可以带着孩子每天玩5分钟的吹泡泡游戏，教他怎么深呼吸，怎么慢慢地吐气，才能把泡泡吹得既连贯又漂亮。这个动作要连续练习几个星期，而且在这段时间，只要他生气了，想发脾气了，就安静地把泡泡玩具递给他，让他吹泡泡。

练习了几个星期以后，开始带着他练习对着想象中的泡泡玩具吹泡泡，同时教他只要一感觉生气了，就对着想象中的吹泡泡玩具深呼吸和慢慢地吐气。

● 6~8岁的孩子

这个年龄段的孩子已经可以运用思绪的转移技巧，来预防情绪爆发或出现攻击性行为的冲动。

首先，先教导孩子如何辨识让自己发火的诱因，例如，同学推挤他，或用难听的绰号取笑他时，是最容易让他生气的。接着，教他当诱因发生时，如何利用深呼吸和自我安抚来熄灭即将爆发的火苗，例如，深呼吸，想象妈妈把自己拥入怀中，或看见大海的海浪，接着对自己说："我不会被他激怒，或没事、没事。"最后，利用反复的角色扮演，教他直视对方的眼睛，用坚定但不动怒的语言，勇敢地回应同学的挑衅，例如，这是我的书本，请还给我；请你不要用这个绰号叫我，我不喜欢。

● 9~12岁的孩子

教导已经更成熟、更能控制自己情绪的孩子，学会在任何怒气冲冲的行为之前先思考。我们可以利用开放的情境来练习，帮助他拥有解决问题的能力。例如，当孩子和同学在学校吵架了，等他回到家情绪稳定之后，问他："同学这样对你，你确实是气坏了，妈妈也认为你是可以生气的，但是，你这样发怒会有什么结果呢？"等他回答完之后，问他，如果下次再有同样的事情发生，我们一起来想想还有没有其他的方式可以处理？

当学校和家长采用上面两个步骤来引导孩子控制自己的愤怒情绪之后，来自2000多所学校的孩子们的攻击性行为量表（分值从1~100），已经从原来的平均值67分，降低为平均值51分了。

每一个孩子心里都有属于自己的颜色

不要给孩子吃太多的甜食和喝碳酸饮料

甜食，尤其是糖分很高的巧克力，能引发孩子的过动表现和攻击性行为，这是现在的家长都已经知道的事实。但是美国哥伦比亚大学公共卫生系针对3000名5岁、来自美国20个大城市的学龄前儿童所做的饮食追踪研究，还发现5岁的孩子在每天当中，每多喝1罐碳酸饮料，攻击性行为量表的指数就会上升1分，而每天喝3罐和每天喝4罐之间的指数则是跳升了4分，而且每天至少喝4罐碳酸饮料的孩子，破坏别人的东西和打架的次数是不喝碳酸饮料孩子的3倍之多！

控制自己的情绪，做孩子的好榜样

这句话听起来也许非常老生常谈，也是每个专家都会说的事。但事实证明，有些父母只是知道了这句话，但却不能做到。从发展心理学的角度来看，一个人终其一生都在寻求父母的认同，而对需要仰赖父母生活的儿童来说，模仿父母或养育者的情绪和行为模式，是他们感受从属和获得安全感的方式，因此父母对年幼孩子的影响力之深刻和强烈，绝对超乎了我们的理解和想象。

因此，即便是父母们已经听了800多遍的谆谆教诲，专家们还是得一遍又一遍地提醒，而所有社会心理学的研究也证明，孩子在家常常被粗暴地处罚——言语的或肢体的，这是他们在外攻击他人的重要原因，而不会控制和管理自己情绪的父母，也会养育出随时爆发情绪的孩子。

自从有了妹妹之后，老大的性格变了

朋友家有一儿一女，我们都说她的人生圆满了，凑了一个好字。可谁知朋友却有一肚子的苦水，原以为的和谐生活变成了打打闹闹，原来那个乖巧的儿子不见了，取而代之的是一个充满嫉妒心的他。

"亮亮自己说的，自从有了妹妹，他的幸福生活再也没有了，连大声说话都不可以！"亮亮的妈妈颇感无奈，这句话的缘起是这样的：上个月他的妹妹才满月，小宝贝睡眠不好。但4岁的亮亮每天在家不断用东西敲出各种各样的响声，姥爷抱着妹妹，再三警告让亮亮声音小一点，可他不听还故意越来越大声，姥爷怀里的妹妹被吵醒后，大哭起来。

姥爷气得动手打了亮亮一巴掌，结果从此以后，亮亮再也不像妹妹刚出生时那样，回去摇铃给妹妹听，抚摸妹妹的小手了。取而代之的是，亮亮动不动就说让妹妹滚，一看到妈妈抱着妹妹，他就会突然爆发性大哭，然后跑回自己的房间，狠狠把门摔上。无论妈妈在外面怎么劝说，亮亮都不开门，除非妈妈不抱妹妹。

我相信亮亮的例子绝对不是个例，因为媒体的报道已经述说了太多比亮亮家更让人忧心的情况。已经是青少年、本来应该很懂事的哥哥姐姐，对家庭和第二胎弟弟妹妹所造成的伤害，更是让人痛心。因此，这确实是需要我们严肃以对的课题。

对于如何帮助哥哥姐姐接受家庭新成员的方法，已经有很多专家给出了专业的建议，爸爸妈妈们也一定明白原本是个小天使的老大，为什么突然会具有破坏性行为的原因，因此，这不是我想在这里讨论的重点。我想聚焦讨论的，是在剖析哥哥姐姐面对新成员的心理情绪状态之后，如何能用色彩能量预防它们的产生，以及在无可避免的情绪发生之后，如何用色彩能量去安慰和帮助他们。

帮助大宝从容度过"二宝冲击"的色彩能量法

原本独享爸爸妈妈全部的爱和关注，以及家里所有的资源和空间的老大，在比他更能获取注意力的老二到来之后，深刻并真真实实感受到的那些情绪。

6岁以下的大宝，最容易出现的主导情绪是恐惧

用添加了白色的明亮橙色能量来帮助。

对还无法独立生活，需要养育者供给营养和提供生活保护的6岁以下的老大来说，面对家庭新成员的到来，首当其冲的情绪是恐惧。我

们很容易以为老大对弟弟妹妹的抗拒是出于嫉妒，或不懂得分享的自私任性。其实，最吞噬他小小心灵的情绪，是生怕自己被遗弃的恐惧，生存受到了威胁的恐惧。而他所经历的生活内容的改变：原本亮亮在家可以自由地玩各种玩具，现在因为那个不知道从哪里来的掠夺者的出现，他不能再像以前那样，又恰好落实并加深了他即将被遗弃的恐惧，所以他会比以往更不敢离开妈妈，更需要以各种方法（大人眼中的无理取闹）来证明自己不会被遗弃。

由于情绪是身体里最大的一股能量，当恐惧成为主导身体的情绪能量之后，体内的靛青色能量就达到了高峰，与此同时，黑色的能量也会逐渐加入，让靛青色沉得更深，恐惧感也变得更真实和强烈。

不久前，有位母亲辗转托人找到我，希望我能帮助她刚满5岁的儿子。这个5岁的小男孩每天晚上都会做噩梦，而且一定是尿床惊醒了他，然后哭着喊着要找妈妈。我问了这个困扰他的行为是从什么时候开始的，才知道原来当时怀着妹妹6个月的妈妈带着他到美国待产，在美国生完妹妹之后，为了让妈妈能好好地坐月子，姥爷自己一个人带着他回到北京，离开美国机场时，他已经哭得几近虚脱，但还是被硬抱上了飞机，结果飞机在途中遇到了几次较强烈的颠簸，又把哭累了睡着的他给惊醒。两个月后妈妈抱着妹妹回到北京的家，但是那个曾经活泼开朗的儿子，已经不再快乐了！

建议的方法是：

每个星期，妈妈和大宝能有至少半天时间的单独相处，在这半天里，二宝可以完全交由爸爸或家人照顾，妈妈陪着大宝在家做他想做的事，或一起出门。妈妈的注意力要完全放在大宝身上，不要被二宝的需求所打断。除此之外，妈妈和大宝要一起设计一套只属于你们俩人的亲子装，不需要真的找设计师设计，只是穿上两个人都喜欢，一起选的，相似款式的上衣和裙子或长裤，但颜色必须是靛青色的削弱色——明亮的淡橙色。穿这套淡橙色的亲子装有两个目的：一是建立有如秘密结社般的仪式感，这对孩子的心理锚定很有作用；二是让明亮的淡橙色能量，伴随着妈妈的爱，流淌进体内，成为释放恐惧桎梏的暖流。

另外，给他买一个柔软的淡橙色床上抱枕，或是一套舒服的淡橙色睡衣，甚至是一个可爱的淡橙色绒毛玩具，在不和妈妈单独相处秘密结社的日子里，让这个淡橙色的物件，既成为提醒他美好感受的锚定，也持续地提供他平衡靛青色所需要的橙色能量。

6~10岁的学龄儿童，最容易出现的主导情绪是愤怒

用色彩饱和度高的绿色来削弱愤怒的红色，以及有可能转变为深红色的能量。

"你们已经有我了，为什么还需要再生一个？""我难道不是你们的唯一吗？""你们为什么那么自私？为什么不在乎我的感受！""凭什

么用怕我孤单当借口？别拿我当理由！"……

这些都是已经稍稍有独立思考能力，但又没有完成发展同理心的孩子的心理状态。这个年龄段孩子的大脑发展任务是抽象思维能力和同理心的建立，学校教育训练他们能理解事件背后的原因，但真正遇到情绪威胁时，还没巩固的左脑，又会回到幼童情感受伤时的状态。

当真的遇到老大对老二的反对力量时，这个年龄段孩子的"杀伤力"可能会是最强的。一方面他们已经具有为自己辩护的意识和坚持己见的能力，不容易被说服；另一方面他们还不是真正地成熟到能理解世事，所以很容易因情感受伤而偏激，说到底，他们确实也还是个需要爸爸妈妈照顾的孩子，所以在各种维度的交互作用下，他们的愤怒是会逐渐被激化的真实情绪，所以需要爸爸妈妈严肃以对，免得愈演愈烈，不可收拾。

建议的方法是：

1 绿色的能量水：由于二宝已经出生，而二宝作为小宝宝的某些特权，以及由于崇拜哥哥姐姐而弄巧成拙的坏事，例如，抓坏哥哥姐姐好不容易完成的绘画作业，都会持续地提醒和激化他的愤怒。所以，抵消愤怒的能量水是比较直接强效的方法。

能量水的制作方法是：每天早上，在透明玻璃壶里装盛500毫升的凉白开水，将色彩饱和度高的绿色色纸或玻璃纸绕着玻璃壶一圈，

用橡皮圈或一小段胶带固定住，盖上盖子，放在能照射到充足阳光的地方。第二天早上，除了早餐时让孩子喝一杯已经照射了至少10小时阳光的绿色能量水之外，将剩余的能量水灌进水壶里带到学校。绿色能量水可以连续喝，一直到爸爸妈妈觉得有成效了为止。

2 能增强信心的黄色食物：和6岁以下宝宝的处理方法一样，妈妈和大宝拥有绝对独享的时间和空间也是非常重要的。而且对于已经上小学的大宝来说，学校课业的压力，竞争的压力，同学之间相处的压力，也让他更需要和妈妈拥有不被打扰，能单独谈心的时间和空间。

另外，初探现实世界竞争法则的他，需要激发自我保护和相信自己的能力，因为只有当他越能独当一面，就越能释怀他对二宝作为掠夺者的愤怒，所以，多增加他饮食中能激活太阳神经丛的黄色能量食物，例如，鲜黄色的柿子椒、香蕉、玉米、鲜榨的橙汁等。

10岁以上的青少年

最容易出现的主导情绪是尴尬和羞辱。用橙色和蓝色的对比能量来中和。

现在的孩子从小学高年级开始，就已经是"老气横秋"的"小大人"了。他们已经懂得"性"是怎么一回事，也完全明白婴儿是从哪里来的。对他们来说，40岁左右的爸爸妈妈，已经是属于老得不能再老的人种了，如果妈妈怀孕了，就表示已经老了的他们还关了房门"做了那件事"，而这件事如果被同学们知道，会是非常丢脸的。所以有好多小学高年级或上初中的孩子，绝对禁止怀孕的妈妈到自己的学校来，就是出于这个害怕被羞辱的原因。

我曾经辅导过一个刚上初中的女孩，就是因为她挺着肚子的妈妈在没有事先知会她的情况下到学校来，恼羞成怒的她，就以割腕自杀来威胁妈妈必须把肚子里的孩子拿掉。

除了尴尬和丢脸之外，青少年开始懂得家庭的资源，并关心有限的资源是否能公平分配。有个孩子愤愤不平地告诉我，妹妹每个月花在学钢琴和学画画上的钱，都影响到他出国留学的费用了。我听了以为爸爸妈妈曾经没注意，在他面前讨论过这个问题，没想到转告妈妈后，妈妈大吃一惊，因为他们从来没有想过，也没有讨论过这件事。

长得人高马大，身上的性荷尔蒙已经开始到处乱窜，可脖子上的脑袋又没有完全成熟的青少年，严格说起来，正处于自己都掌控不了自己的阶段，所以当他们对爸爸妈妈突然脑子烧坏，准备生个小婴儿的这件事，既有鄙夷的情绪，也有受到威胁的愤怒，如果他们真的不允许妈妈生老二，所造成的破坏力也是非常强烈和不容忽视的。

建议的方法是：

1 尽可能在怀孕之前，开个家庭会议，爸爸妈妈诚恳地说明为什么想要有个小宝宝，寻求他的意见，也诚恳地希望能得到他的理解和支持。

2 把有小宝宝后的未来规划告诉他，包括如何维持现在的生活内容和生活秩序（谁会负责照顾宝宝），也包括新成员不会损及他的既有利益（所受到的关注和所享受的现实资源）。

3 与他商量是否能帮忙担任弟弟或妹妹的老师，协助爸爸妈妈对宝宝的教养。因为爸爸妈妈观察你和同学们相处时，是个很懂得为人处世的孩子……

4 为他制作混合了蓝色和橙色的能量水。这个能量水不仅仅是为了让他能接受弟弟或妹妹，而是更进一步地平衡处于青春期的他身体里各种正在彼此冲撞的能量。橙色能量协调整个腹腔的分泌腺体；蓝色能量则协调分布在喉部的甲状腺和副甲状腺。

能量水的制作方法是：每天早上，在透明玻璃杯里装盛250毫升的凉白开水，将橙色色纸或玻璃纸绕着玻璃杯的下半部一圈；蓝色色纸或玻璃纸绕着玻璃杯的上半部一圈，用橡皮圈或一小段胶带固定住，盖上盖子，放在能照射到充足阳光的地方。第二天早上，让孩子喝完杯子里已经照射了至少10小时阳光的能量水。对已经进入青春期的孩子来说，具有平衡腺体功能的能量水，是可以一直持续饮用的。

家里的每个孩子，都有不同的色彩，发掘出他们各自的
潜能吧。

每一个孩子心里都有属于自己的颜色

爱哭的孩子，究竟是为什么

第一次接触关关的妈妈，她用了自责两个字。关关这个孩子总喜欢为了小事悲伤很久，比如找不到玩具，她就会默默流泪大半天，如果妈妈说让她自己找找，她会哭得越来越厉害，诸如此类的事情特别多，关关爱哭这件事，在小区里是出名的。

最近发生了这样一件事，关关的宠物兔生病了，关关特别伤心，她天天问妈妈："妈妈，兔兔会不会死，会不会死？"虽然大家全力抢救了兔兔，但兔兔还是死了。关关完全接受不了这个现实，她趴在妈妈怀里哭了很久很久。

关关的妈妈知道她特别爱哭，因此特意陪伴和安慰了关关大半天。可关关的眼泪却像打开的水龙头一样，关不住了。这让妈妈非常抓狂，她总跟在妈妈屁股后面一遍一遍念叨着小兔兔，导致妈妈很多时候做不了饭，打扫不了房间，关关的妈妈真的是解决不了这个难题，很想知道为什么她这么容易陷在悲伤的情绪里，为什么她这么爱哭，为什么他们尝试了那么多方法，都无法帮助她走出来呢？

从儿童心理学家的角度来看，关关是典型的情绪敏感的孩子。日常生活中，他们的情绪起伏幅度很大，一点点小事就能引发"泪水决堤"。他们的过度敏感，不仅仅表现在情绪上，也会表现在肢体语言中，例如，妈妈帮她梳头时，稍微用一点点力梳顺打结的头发，她就会缩着肩膀喊好痛、好痛；脚指头磕了桌角，她能忧伤地痛哭半天；爸爸对她的要求说不可以的时候，那瞬间溃堤的泪水就更不在话下了。

很多家长，尤其是那种情绪很内敛的家长，非常不理解自己怎么能生出这样一个戏剧皇后的孩子来！（戏剧皇后：Drama Queen，形容不管男孩女孩，对事件的情绪反应都非常的夸张，好像在演舞台剧一样！）而且很多家长会误以为孩子的情绪反应是故意装出来的，目的在于吸引爸爸妈妈的注意力。

但是事实上，关关的"疼痛"不是装出来给大人看的，因为不管是身体的疼痛或情绪的疼痛，对她来说，都是十分真实的，那是正在进行中的感受，而且这一类孩子的疼痛感要比其他的小朋友来得深切、剧烈和持续。我相信自己小时候也是个让妈妈头疼的"戏剧皇后"，只要是稍微重一点的声音，都能让我打哆嗦吓一跳；带我上街，看见路旁其他小朋友哭，我也能莫名其妙地跟着一起哭；我到现在还不太能接受长得不好看、闻起来怪怪的食物，所以挑食和先闻闻再吃一直是我妈最"恨"我的问题。后来，第一次到天津，我先生兴冲冲地帮我买了煎饼

馃子，我一眼看见灰灰的豆面面皮，就认定我一定不会喜欢吃它。

我们这种磨人的孩子到底是怎么回事呢？其实是有生理学的原因为我们做证，证明我们并不是故意折磨人，故意如此的让人讨厌。情绪敏感的孩子拥有比其他孩子更发达、更敏锐的感觉神经纤维和神经受体，因此能快速地对外界的刺激做出反应，而且反应的滞留时间要比一般孩子来得长。情绪敏感的孩子在五六岁才显现出他的"特别"，因为到了这个年纪，其他小朋友已经逐渐学会控制自己的情绪，懂得忍耐和坚强，不会再为了一点点小事动不动就没完没了地哭了。

不过，这一类的孩子还是有好消息的。他们才思敏捷，反应快，学习和口语能力强，有同理心、有想象力。而且，更好的消息是，他们就是因为有敏锐的情绪感知能力，所以在接受色彩能量疗愈时，也会因敏锐的情绪感知而得到又快又好的效果。

情绪敏感孩子的色彩能量法

色彩性格特征：纯粹的靛青色

靛青色能量对应的是位于喉部和头顶之间的整个面部和头部。这块区域里，有来自祖辈记忆的原始的旧脑；有后天学习和发展的认知的脑；有视觉、听觉、嗅觉、味觉和触觉，所以靛青色是感知的能量，既有与生俱来的灵魂能量，也有受社会化制约的学习能力，如果引导得好，靛青色能量高的孩子一般都是反应灵敏，很聪明的人。

不过，由于靛青色能量的主导，也让孩子容易对某件事情上瘾。就拿电子游戏来说，靛青色孩子会非常享受它所带来的对感官的兴奋刺激，而且因为他反应快、脑子动得快，能很快地掌握游戏的诀窍，这又带来了让他兴奋上瘾的另一种刺激。

对靛青色为主导能量的孩子来说，最难熬的年龄是从4岁开始，一直到10岁左右。在一般的情况下，爸爸妈妈可以忍受三四岁以下幼童的情绪反应，认为他们还小，长大以后就好了。可是当孩子进了幼儿园以后，如果还是动不动就哭，对这个年龄段孩子已有期望值来当坐标的老师和家长，就会自然而然地认为他是有意不听话和任性。我们可以想到接下来的场景可能会是什么：筋疲力尽的妈妈抓着他的肩膀，一面摇晃，一面绝望地说："你能不能不要再哭了！"疲惫不堪的爸爸，气得大吼一声："不准再哭了！"

于是，敏感的靛青色把情绪硬是压回了身体里，但已被激起的澎湃海浪只会在小小的身体里越压越汹涌。我很庆幸自己生在一个有4个孩子的家庭里，而且是最小的孩子。那个年代，我们没有像现在这么紧张的家庭作业，周末也不需要穿梭在城市的各个才艺班里学才艺。我们没有紧迫盯人的爸妈看着，所以有大段的空白时间可以任由自己去使用。记得当时小小年纪的自己，最喜欢躲在房间里披着床单当水袖，

模仿着电影女主角的身段和唱腔，一面流着眼泪，一面唱着自己完全不懂却以为懂得的"爱恨情仇"。

我用这个方法成功发泄了大部分的感情和眼泪，并且在哥哥姐姐的庇佑下安然地长大。今天，我依然是个很敏感的人，但已能成熟管理情绪的我，将曾经的劣势转换为了优势，运用它，让我自己成为一个有同理心，能体会他人情绪的优秀心理治疗师。

适合的养育色彩: 深浅不同的绿色

最适合的调适年龄: 4岁以后

那么，怎么运用色彩能量来帮助内心敏感的孩子们安全地度过成长岁月，一直到能成熟地管理自己的情绪呢？

核心的原则是: 我们不需要削弱他的靛青色能量。因为这是他与生俱来的能力，削弱它，就把他天赋的优势给拿走，让他不再是自己了。再说，情绪敏感也可以成为学习时的优势。所以，核心原则是在允许他的靛青色能量继续存在的情况下，学会控制它们的技巧。另外，情绪敏感的孩子并不是因为缺乏安全感或缺乏自信而敏感，因此，如果用靛青色的削弱色——橙色和黄色来疗愈，所能达到的效果极其有限。

绿色则是能帮助内心敏感的孩子们的最好的能量。浅绿色的轻盈开阔，让关我们学会把胸腔打开，深呼吸，让充足的氧气进入到身体里，帮助沉重的情绪随着吸气、吐气释放到空气中，不再积压在身体里；深绿色的安静沉稳，让关关们在每一次情绪的小蝴蝶振翅飞舞的时候，学会飞得低一些、平稳一些。还有，绿色是靛青色所含有的蓝色的邻居（靛青色介于蓝紫之间，是蓝色和紫色的组合），让它能够在和蓝色相近的能量频率下，以不惊扰敏感神经的安静姿态，被靛青色所接受。

建议的方法是：

生活中，以20%的靛青色和80%的绿色比例，来营造居住空间的环境色。环境色可以包括卧室空间、书房空间、寝具、窗帘、装饰品。例如，卧室的墙面是浅绿色的；窗帘和床单是面料中含有60%深绿色的；墙壁上挂的一幅画或几幅画是以靛青色为底色，例如，星际大战中银河系里的太空战舰；爱莎公主城堡里如梦似幻的美丽天空。

至于疗愈色，可以根据孩子成长当下的实际需要来选择。因为敏感活跃的情绪让他在成长过程中所面临的情绪问题和行为问题，要比其他孩子来得更明显，甚至更难以控制，所以因时制宜的疗愈色是既必要，也是最有效的。

最后，我要以过来人的身份再多说几句话，拥抱他纤细敏感的情绪感知天赋；引导他学会把丰富的情绪用合理的方式，例如，语言、文字、绘画、唱歌、舞蹈表达出来；耐心地给他时间，不呵斥责骂他还没学会的情绪管理能力，我们就能把这些看似恼人的缺点，转换为日后能帮助他成功的美好特质。

每一个孩子心里都有属于自己的颜色

天黑黑，我家有个怕黑的孩子

　　朋友家的女儿小丫特别怕黑，怕到什么程度呢？晚上睡觉时必须开着灯，不然她没办法入睡。睡觉前，爸爸必须陪着她一遍又一遍地检查床底下、窗帘后面是不是藏着魔鬼，要不她就死活不肯一个人在房里睡觉。

　　有一天晚上，她非要和妈妈一起睡，于是妈妈哄她睡着了之后，就将小灯关了，谁知道才睡到半夜，妈妈就被她的一阵大哭声惊醒。妈妈赶紧跑进她的房间，打开灯将她搂在怀里："宝贝，你怎么了？"小丫说："呜呜，妈妈，我怕，黑黑。"爸爸问她："黑有什么好怕的呢？爸爸妈妈都在身边呢。"谁知小丫回答："黑黑的世界里有大老虎、大狮子，我看见了！"听到这里，妈妈连忙安慰小丫说："不会啊，这是家里呢。"可小丫不依不饶地说："真的有，我都看见了。"

　　很多父母担心孩子的恐惧心理，其实，大部分的孩子在成长过程中，都或多或少出现过对某个东西或某个情境的恐惧，以下的统计数据可以让爸爸妈妈先宽宽心。

1 75.8%的孩子经历过害怕的情绪，通常发生在4~6岁的阶段。通常是害怕某个具体的事物、动物、现象等，如蜘蛛、蟑螂、打雷、闪电、黑暗；或想象中的可怕东西，如独眼魔怪、僵尸、魔鬼。也有的孩子恐惧来自社交的威胁，例如，害怕幼儿园里某个喜欢推人的小朋友，某个喜欢吐口水的男生。

2 67.4%的稍大孩子经历过担忧的心理情绪，所忧虑的更多是潜在的危险，例如，爸妈总是吵架，会不会离婚？隔壁的奶奶去世了，我姥姥会不会也生病死掉？我会不会像新闻里的小孩那样被绑架再也看不见妈妈？

3 80.5%的孩子曾经做过噩梦。通常和想象出的可怕生物，被绑架，走丢了找不到爸爸妈妈、身体受伤、考试成绩不及格有关。

不过，孩子在4~6岁时的恐惧如果没有得到适当的疏解，长大后，会因为总是感到害怕，无法专心学习而造成学业落后和学习困难，另外，也会因恐惧害羞而影响了和小朋友交往的能力。

此外，恐惧心理会随着成长如影随形，成长只是改变了它们的内容而已。例如，需要专业治疗干预，属于强迫心理的恐惧症，则是当恐惧到达了一定的强度时，无法掌控的情绪会改头换面以生理的表现来发泄，担心传染病因此不断地吐口水，怕蜘蛛毒液所以一直洗手就是其中比较常见的情况。

每一个孩子心里都有属于自己的颜色

恐惧情绪的色彩能量法

色彩性格特征：蓝色和紫色

从色彩能量的角度来看，恐惧心理是一种体内蓝色和紫色能量过多的反映。蓝色能量会抑制肾上腺素和甲状腺素的分泌，减缓心跳和呼吸的速率，让肌肉的张力和动能减弱，对精力旺盛、调皮捣蛋的过动儿有很好的调节作用，但对本来就恐惧害羞的孩子却会造成更压抑的反向引导。此外，蓝色能量让人产生放弃的念头，在面对威胁，不管是真实的威胁或假想的威胁时，都会有举手投降的退缩心理。

紫色的能量则是能兴奋神经细胞的能量，是勤于脑部思维的颜色，对生来就爱钻牛角尖的敏感孩子来说，环绕在紫色的环境中，会让他更爱胡思乱想，更容易担忧和害怕。因此，如果孩子已经表现出了害怕的情绪，就要留意不再给他太多蓝色和紫色的能量。

可惜的是，成长中的胆小男孩要比女孩更辛苦，因为我们会固执于对色彩的既定思维，认为蓝色是男孩儿的颜色，因此不论是衣服鞋袜、房间装修、卧室织品都是以蓝色系为主。如果男孩正好生性敏感，可怜的他，一方面被蓝色的能量强化了本来就已经安静内向的生理活动；另一方面又被失望的爸妈不断地训斥："男孩子要勇敢！"因此在"内忧外患"的交相催逼下，孩子会变得更胆怯、更自卑。

事实也证明，在我多年临床心理治疗所遇到的有恐惧心理的孩子中，男孩的比例不仅比女孩高，恐惧的情况也更严重。原因就是女孩害怕时，妈妈会耐心而温柔地搂着她，安慰她，而在遇到男孩害怕时，再有耐心、再温柔的妈妈也不免担心：儿子这么柔弱胆小，将来会不会没有出息啊？

其实，对4~6岁的孩子来说，不管男孩或女孩，不管是看了恐怖的电影或是在夏日的夜晚被雷声惊吓，对于他都是绝对真实和强烈的，也都是小小年纪的自己所掌控不了的，因此需要爸爸妈妈认真地对待和接纳，比如，他需要几次确认床底下没有藏着魔鬼，我们就耐心地陪着他检查几次，因为每一次爸爸妈妈陪着他的确认，都是一次安全感的叠加，等他慢慢长大了，安全感也逐渐叠加到足以克服害怕的程度，他就会慢慢地不再纠结了。我们不能只是安慰孩子：哪儿有魔鬼啊，都是你自己想出来的！僵尸都是假的，都是电影里吓小孩的！蜘蛛有什么好怕的，你看爸爸都不怕！

适合的养育色彩： 黄色、橙黄色、黄绿色。

那么，面对孩子的恐惧，我们该怎么运用色彩的能量来帮助他呢？

幼小的孩子需要很具象的保护，来对抗他的恐惧。爸妈可以准备一个明黄色的护身宝物送给他，告诉他有了这个宝物，就好像爸爸妈妈一直在他身边保护着他一样。这个护身宝物可以是一个抱在怀里的黄色绒毛玩具；一个摆在床头柜上的黄色变形金刚；一个奶奶

亲手织的黄色毛线安抚巾……我们要注意送给他宝物的时候还要郑重其事地举行一个小小的仪式，给这个明黄色宝物加持以宇宙无敌的保护能量。例如，请被这个年龄段的孩子无限崇拜、无限伟大、无限勇敢、无限无敌的爸爸，用掌心往宝物上运气，亲自加持宝物的保护力量。

如果孩子收到这个宝物之后，不管走到哪儿都得带着，不要担心，不要阻止，也不允许旁人讥笑他，让这个宝物以他需要的时间，既能从实际的色彩能量上帮助他，也能像安慰剂一样，从心理的层面保护他。一直到有一天，你会发现他提到恐惧的频率开始减少，而那个曾经形影不离的宝物也已经被新的、喜爱的玩具所取代了！

而且根据我个人的经验，即使是原本就外向胆大的孩子，都会非常相信护身宝物的能力，更何况是真的需要护身宝物的胆小孩子。

2 孩子怕黑，怕魔鬼，不肯在自己的房间睡觉时，可以用循序渐进的方法来帮助他。首先将爸爸妈妈卧室的夜灯和他自己房间的夜灯灯罩都换成一模一样的橙黄色。可以是纯的橙黄色，或底色是橙黄色都行。接着订出一个3~4个星期的睡前计划。

第一个阶段，不要提他自己必须独自睡觉的事，只是在爸爸妈妈的房间里陪着他读绘本或睡前故事，但有意识地一天天把灯光逐渐调暗，让他在爸妈的陪伴下，逐渐适应黑暗，一直到只剩下一盏橙黄色的夜灯为止。

第二个阶段，把读睡前故事搬到他自己的房间里，用同样的方法一天天调暗灯光，让他熟悉适应自己房间的黑暗，一直到只剩下一盏夜灯为止，在这个阶段，妈妈可以在他的房间里陪着他睡觉。

最后一个阶段，睡觉前，妈妈和明黄色的护身宝物一起在他的房间里陪着他，同时选择小朋友自己睡觉的绘本或睡前故事书，有意识地灌输他自己睡觉，不怕黑的勇敢心理。然后把门打开，让他知道爸爸妈妈就在隔壁，他可以放心地搂着宝物，在已经熟悉的橙黄色夜灯里，在自己的房间里睡觉。

3 帮助孩子克服对某样东西的恐惧只是救急的治标，培养他有勇气面对恐惧，才是治本的做法。所以当我们用黄色和橙色的能量带着他走出恐惧之后，就要开始用混合了黄色和绿色、能深度呼吸增加肺活量的卡其绿色，来培养他拥有开阔的心胸和勇气。

好在进行色彩能量调整时，我们不需要改变大面积的墙面涂漆，或换掉整幅窗帘，我们可以从食物的颜色来调整，也可以用房间里的某个物件，例如一幅主色调为卡其绿的画，或是一个卡其绿色的抱枕或床单就行了。

家有胆小的小男孩，怎么破

5岁的艾艾是个特别胆小的小男孩。说起他胆小的经历，他的妈妈特别提到了这样几件事："艾艾3岁的时候，我们带他去海边玩，别的小朋友看见大海都会兴奋得不得了。而我家艾艾一直抱着我的腿，一步也不往前迈。"

艾艾妈妈一生气，就把他扔在沙滩上，让他自己走回来，可是无论怎么鼓励、呵斥、命令，艾艾就是哭，怎么也不敢迈步。当时，艾艾妈妈觉得特别没有面子，赌气把孩子给抱了回来。从海边回来以后，艾艾的爸爸有意识地想要锻炼他的胆量，带他去玩拓展训练，可走第一层时，艾艾就不敢迈步，说啥也不走。

胆小的艾艾在幼儿园也不敢举手回答问题，不敢大声说话。艾艾妈妈说针对这些弱点还特意让他学过1年的表演，上台演过戏，参加过朗诵比赛，虽然紧张但还是能按照要求去做，在校外课后班也能回答问题，就是在学校里不敢说。上个月朗诵课上，老师和小朋友们给他鼓掌长达5分钟，他走到前面还是紧张到一句话不说。

　　艾艾在爸爸妈妈眼中的"胆小"，其实是一种不自信的表现。我们在怕黑的小丫，和在幼儿园里哭个不停，有分离焦虑的媛媛身上，看见了小小孩子们表现出来的几种胆小的情况。

1 小丫的胆小怕黑，是对具象事物的恐惧，例如，黑暗里的鬼魂，藏在床底下的恶魔，伸着手往前直直跳的僵尸。这个具象的事物，从大人的眼光来看，是孩子自己幻想出来的，是抽象的，但对小朋友来说，却是真实而具体的。这是恐惧，是儿童从三四岁开始可能出现的心理情况，过了这个年龄阶段就会好了。但是小丫的问题却是在这个年龄段的恐惧发生时，因为较低的身体对抗动能和敏锐的神经细胞加剧了它的强度，因此从色彩心理学来看，是蓝色和紫色能量过多的现象。

2 媛媛的分离焦虑也是胆小的一种表现，但却是来自于她的不安全感。孩子的分离焦虑从8个月左右会认生的时候开始，如果能在大人很好的引导下，应该会在14个月左右安然度过。但有些孩子因为与生俱来的性格，会有缺乏信任和容易被威胁的情绪性格特征，而这两种情绪性格特征从色彩心理学的角度来看，对应的正是过多的紫色尤其是靛青色的色彩能量。

3 艾艾的胆小则和上面两个小朋友不同，他是因为无法掌控或应对某些情境而胆小。例如，扑面而来汹涌的海水（他心里的潜台词是：我那么小，抵抗不了那么多的水，我一定会淹死）；站在面对很多人的

舞台上说话（他心里的潜台词是：我一定会说错，别人一定会笑我）。艾艾的胆小来自于不自信，缺乏的是敢于相信自己的勇气和不愿意承担后果的恐惧。这种情绪性格特征则是因为缺乏黄色的能量，也就是缺乏相信自己和敢于去做的勇气的能量。

多年前，心理学界盛行一种称为"洪水疗法"的行为治疗方法，用来治疗各种恐惧症。它的治疗方法是，如果你害怕什么，我就让你暴露在这种害怕当中，而且逐渐加强这种暴露在害怕中的强度和时间长度。但是随后大家又发现，"洪水疗法"确实能"残忍地"戒除对某种物体或情境的恐惧，但它卷土重来的可能性还是很大，而且对很多人来说，这个被压抑下来的恐惧会改头换面转换到另外一种情绪上去，以另一种方式表达出来。还有，当行为治疗师为病人进行"洪水疗法"时，会伴随着肌肉松弛疗法，所以不是我们在家里随便就能操作的方式。

艾艾的妈妈（和许多遇到类似情境的妈妈）把艾艾丢在沙滩上让他自己走回来，就是一种不明就里的"洪水疗法"。但是艾艾在当时一定是吓坏了，而且他的吓坏了，和担心自己被妈妈遗弃的恐惧会叠加在一起，形成对海水更激烈的恐惧，所以他下一次会更拒绝走到海水旁边。

另外，由于艾艾是个男孩子，在父系社会传统价值观中长大的男孩子，都不免受到必须勇敢、必须坚强的期望影响，所以艾艾既能感受到爸爸妈妈焦虑失望的压力，也会从心里对自己的"无能"感到更加害怕和无力。所以，像艾艾这一类的孩子，不管是男孩还是女孩，需要的是，一方面从内在增强他对自己有勇气的信任；另一方面，从一次又一次，循序渐进的情境中，积累出相信自己的成功经验。例如，让他在只有三五个熟悉的小朋友面前唱一首歌，朗诵一段短文，而不是在全班小朋友的如雷掌声中，被逼得走到台前。

另外，多让艾艾和爸爸一起出去玩，爸爸不需要一直告诉艾艾男孩子应该怎么勇敢坚强，只要很轻松地在诸如爬竿、踢球、跑步这些需要运用到肌肉的活动中，很自然地、不给他压力地让艾艾观察到男人的活动方式，并且从崇拜爸爸的心理中产生模仿爸爸行为的动机，而我们都知道，外在的行为表现能"内化"到内在的情绪世界，所以在潜移默化中，让艾艾学会了如何像个男子汉一样地运用肌肉，并且更进一步地加强自己的心智。

缺乏自信心和勇气的色彩能量法

色彩性格特征：缺乏黄色能量

艾艾身体里色彩能量形式的不均衡，不是因为哪种色彩能量太多，而是因为黄色的色彩能量不够多。

黄色的色彩能量是一个人兼具理性的勇气来源。它和红色的能量不一样，红色能量是一种源自于本能的勇敢，是生命的原始力量，也是

不假思索就能喷发而出的反射动能。黄色的能量则是与生俱来的聪慧，它之所以被形容为聪慧，就是因为它具有思考的能力，这种能力具有本能的保护力量，不是冲动的好勇斗狠，而是衡估形势之后，相信自己有勇气去面对、去掌控的能力。

所以对艾艾这一类衡估形势之后不相信自己有勇气的孩子，我们就需要补充他体内缺乏的黄色能量，让他从逐渐丰满的内在来强壮自己，而不是家长从外在施加反而会弄巧成拙的压力。

适合的养育色彩：深浅不同的黄色

最适合的调适年龄：从他表现出胆小行为时开始

如果孩子已然因为自己的胆小而受到了情绪的创伤，例如自己一个人被留在岸边吓坏了，上台朗诵却很丢脸地一句话都说不出来，那么就需要比较强效一些的色彩能量帮助，而最好的方法就是喝黄色的能量水，以及多喝一些黄色的饮料，例如鲜榨的橙汁、芒果汁。

能量水的制作方法是：每天早上，在透明玻璃杯里装盛500毫升的凉白开水，将色泽饱满鲜艳的黄色色纸或玻璃纸绕着玻璃杯一圈，用橡皮圈或一小段胶带固定住，盖上盖子，放在能照射到充足阳光的地方。第二天早上，让孩子喝了这杯已经照射了至少10小时阳光的黄色能量水，同时再制作另一杯准备第二天早上饮用。

此外，帮艾艾准备一个带到学校去的黄颜色水壶，把早上没喝完的黄色能量水装到水壶里，让他在一天当中慢慢喝完，也让黄色能量一直陪伴他经历并克服不同的胆怯情境，一直到爸爸妈妈觉得他的胆小问题已经改善了为止。

如果艾艾的胆小情况已经改善了，可以减少黄色能量的集中补充，但还是需要有黄色能量的加持和巩固，因为这是他的性格特征，属于他人格特质的一部分，所以要持续地用黄色的能量来支持他，例如，还是用黄色的水杯和水壶喝水，多吃一些黄色的蔬果，多喝一些黄色的果汁。不过，这个阶段可以加入一些橙色，例如，胡萝卜、南瓜、橙子，让橙色能量所提供的安全感，作为球场边为他的勇气而摇旗呐喊的"啦啦队"。

赢得起，更要输得起

　　"作为一名儿童足球教练和两个男孩的爸爸，我真不知道该不该让他们有竞争。"相差两岁的小目和小明，总是让爸爸扮演裁判的角色。

　　"从幼儿园开始，他们就为谁的积木搭得更好之类的事情争来争去，他俩都是那种天生争强好胜的性格。"面对每天的凡事都要比一比，连谁秋千荡得高，谁排队排得快之类的事情都要争个第一的状况，他们的爸爸觉得很无奈。

　　过于争强好胜的兄弟俩，不光在家里斗，还喜欢和别的小伙伴争输赢，这会让和他们一起玩耍的小伙伴们不高兴，也不再喜欢和他俩一起玩了。但兄弟俩却不清楚到底为什么。

　　对于这种对"争第一"情有独钟的孩子，我们该如何让他们正确面对输赢呢？

　　孩子大约从4岁开始，就对输赢有了初步的概念，然后他们就会在任何事情上开始比较。你如果在幼儿园教室门外偷听孩子们之间的对话，你就会啼笑皆非地听见孩子们说："昨天我奶奶过生日，我奶奶今年80岁了。"另一个孩子立刻不甘示弱地说："我奶奶200岁了。"接着就是教室里此起彼伏的童音抢着说："我奶奶1000岁了！""我奶奶2000岁了！"（奶奶的岁数最后以他们小小脑袋中所知道的最大数目为胜出！）

我儿子读幼儿园时，有一天哭着回来跟我说："王小明的爸爸可以吃100碗饭！"我忍住笑问他是怎么知道的呢？他抽泣着说："今天吃点心的时候，我跟他说我爸爸能吃2碗饭，结果他说他的爸爸能吃100碗饭！"

这就是一个4岁的孩子对输赢和竞争的启蒙，他们只想赢过别人，知道赢是一件好事，但却不知道其中的意义是什么。不过，也就是因为他们喜欢赢，知道赢是一件很棒的事情，他们才能够在日后的学习中更努力，也有了积极向上的竞争意愿。所以，当幼儿园的孩子们为了"我的秋千荡得比你高""我是第一个跑到操场的人""我的积木堆得比你好看"而争论不休时，不要责骂他什么都想争第一，竞争心太强，或者担心他将来会输不起，我们要允许这个年龄阶段的发展任务顺利地进行，只是在旁边留意如何去引导他往正确的方向发展就行了。

那么，我们要留意引导哪些事情呢？

首先，幼儿园的孩子还没有发展出对自己的行为和别人的反应之

间关系的理解力，所以当班上的小朋友不再喜欢和他一起玩的时候，他会非常的困惑和难过。所以在这个时候，我们要引导地说："如果昊天总是在你前面插队抢着第一个进教室，你会觉得怎么样？"然后从他的回答中，让他明白如果他这么对别人，别人也会有相同的感觉。这么大的孩子需要我们一次又一次地帮助他把自己的行为和别人的反应之间的关系联系起来，也只有把它们联系起来之后，孩子才不会成为那个只要赢，但不管别人的感受，最后成为不被同辈团体接纳，甚至排挤讨厌的人。

另外，我们总是希望孩子既不要有那么强的得失心，但又希望他在任何事情上都是个全力以赴的人。这个矛盾是许多父母很难拿捏的分寸，我们都想自己的孩子是个赢家，但又害怕他因为太在乎输赢而成为情商低、输不起的人。我的建议是引导孩子把眼光放在活动过程中或竞赛过程中他所表现的优点上，而不是结果的输赢上。我们不要说："哦！输了没有关系，你看，你跑得比昊天快呀！"我们要说："哇！真棒，你今天跑得比上个星期快了好多好多呢！"让孩子和昨天的自己比较，才是真正的进步和未来的人生赢家。

当然，无可避免的，孩子长大之后势必要面对越来越残酷的竞争，我们不允许他在乎竞争或了解竞争，只会削弱他日后竞争的意识和能力。所以，先从最安全的家庭里的竞争开始，训练他拥有面对竞争时的正确态度和如何取胜的技巧。例如，他和爸爸组成一队，妈妈和妹妹组成一队，两队一起玩比手画脚游戏或投篮比赛，让他从中懂得团队合作的重要，也能在大人的示范和保护下，学会面对赢了或输了之后的健康情绪态度。

目前在欧美儿童教育心理学界流行的一种称为"Yes脑教育"（Yes Brain Training）的育儿方法，其中四大核心目的之一，就是在训练孩子拥有面对竞争和遭遇挫折时的"弹性"，四大核心目的为：弹性、创造力、独立性、同理心，而逻辑思维和色彩能量，就是训练孩子拥有弹性的最好方法。

进行的方法是这样的：

当孩子在面对一个他不太能掌控的竞争情境时，例如，要不要参加学校的作文比赛? 我们可以准备1张A4大小的白纸和1支黑色的笔，请注意，必须是白色的纸和黑色的笔，因为其他颜色会勾起我们此刻不需要带入的情绪，在这个当下，我们只希望激活孩子左脑的活动，只允许逻辑思维的运作。

我们请孩子用黑笔在白纸的一面写上"我参加作文比赛的好处"，另一面写上"我不参加作文比赛的好处"（请注意题目都是好处，没有坏处）。请孩子在不受我们的干扰下，安静地花点时间思考，并且分别在问题的下方写上自己思考后的答案。我们不要催他立刻做出决定，

也不要试图暗示或引导他的答案，这是训练他抛开惯性"No脑"的机会，孩子从能爬、能坐着吃饭开始，最常听见的就是：不行！不行！不行！所以遇到压力时，他首先启动的就是"不行"的"No脑"。

当孩子从容地、深思熟虑地写完了分别在白纸两面上的答案后，他也就理清了自己的思路，得到了不被感情左右，尤其是不被恐惧失败的情绪所左右的答案，也许这个答案不是我们想要的，但我们必须学会尊重他的决定，并且从旁帮助他完成这个决定。几次之后，当孩子学会了用"Yes脑"的思维技巧，他的心智和情绪弹性就会被建立起来，不仅仅能更好地面对两难时的选择，也能更成熟地管理遭遇挫折时的情绪。

毋庸讳言，每个孩子都是上天派来的独一无二的天使，有的小天使对竞争特别在意和较真；有的小天使却毫不在乎，让大人在一旁看着都着急。所以我在这里会谈谈怎么用色彩能量，来帮助这两种性格截然不同，但都会让爸爸妈妈有些焦虑的小天使们。

帮助孩子面对竞争的色彩能量法

太在乎输赢的色彩性格特征：紫色

紫色性格是一种太专注于脑部思维的性格，他们是班上的学霸，是老师在一大班子调皮捣蛋学生中的"宠儿"，他们从小就表现出乐于竞争的性格，而且因为守规矩和自律，也容易达成老师要求的目标。紫色性格对自己在同辈团体间的社会地位很在乎，一部分出于他们的自信，更大一部分来源于他们对成功的虚荣心。他们认定自己比别人更聪明、更优秀、更明亮耀眼，所以他们不能容忍自己的失败，也很难面对自己的失败。

紫色孩子在刚上幼儿园、学前班或小学一、二年级时，是个让爸爸妈妈倍感骄傲的好孩子。他们上课时乖乖地坐着听讲，老师交代的事绝对不会也不能打马虎眼，参与班上的竞赛也总是能得到很好的成绩，这个"成功者"的标签牢牢地贴在他的小脑门上，是他对自己的认识，也是旁人对他的认识。

可是当紫色孩子进入更激烈的竞争时，例如，更难理解的高年级课程内容，更需要技巧的高级班才艺时，就像任何孩子都会有长项短项一样，他可能在某一些方面开始感到吃力，也更不容易达到他曾经拥有的辉煌，这个时期是他争强好胜性格的重要转折点，他会拒绝参与自知胜算不大的竞争，也会对竞争的结果表现出非常强烈的情绪反应，例如，赢了之后恨不得全天下人都知道的嘚瑟，和输了之后的拒绝讨论和沮丧哭泣。

适合的养育色彩：橙色和浅蓝色

紫色孩子之所以如此在乎输赢，是因为他们把安全感建立在别人

的评价上。他在同辈团体中的社会地位是一个评价体系；他是不是老师、家长心目中的最佳学生也是一个评价体系，他因此需要不断地确认，才能觉得自己是安全的。因此，提供来自内心深处自我安全感的橙色能量，是紫色孩子所最需要的。

建议的原则是：

尽可能让他在家居生活中被橙色的能量所包围，但是在学校里还是需要有紫色的较真和竞争心，因为紫色是他灵魂中的能量，也是他在学习中必须拥有的专注能量，所以不要矫枉过正。

可以为孩子选择橙色的床上织品，帮助他在夜晚拥被入眠时获得安全感。另外，也可以在卧室里添加一个小小的浅蓝色物件，可以是放在床上的一个漂亮的浅蓝色抱枕，或是一个放在床边的浅蓝色夜灯。浅蓝色能量能为孩子白天学习时过于活跃的脑部紫色能量松绑，让他夜里能睡得更好。

太不在乎输赢的色彩性格特征：橙色

橙色孩子正好和紫色孩子相反，他更专注的是腹腔的能量流动，因此多半会是个乐呵呵的，喜欢吃、喜欢睡觉，心宽体胖的快乐宝宝。他们先天就不喜欢竞争，因为不喜欢竞争所带来的紧张和冲突情绪。他们与人为善，喜欢小动物，喜欢比自己年龄小的孩子，但也喜欢帮助大人做事。他们不会在某一门科目上表现得特别突出，但对所有的科目都有较为一致的兴趣和表现。他们的舒适圈比较大，所以不太会去冲撞权威，但他们不好争斗的性格，也容易在现今充满竞争的体制教育下，被误解为是个不知道上进或太懒惰的孩子。

还好橙色孩子有自我解嘲的能力，他们灵魂中的安全感能量充沛，就算是爸爸妈妈气得跳脚，他也是一副无所谓的与世无争的模样。我对这样的孩子一直有很多的关怀，因为他们内心深处是和美安详的，如果他们能"安然"度过学校生涯的残酷竞争，不被爸妈或老师折损了自尊自信，他们就能在日后展现出很棒的直觉能力——更远的视野及优于其他性格的领导统御能力，成为浑然天成的成功企业家。

适合的养育色彩：黄色和靛青色

橙色孩子不缺乏安全感，但他们需要开发与生俱来的自信和聪慧。由于他们天性中与人为善的性格特质使然，很容易被其他小朋友占便宜或被霸凌者选为欺凌的对象。所以他们需要拥有保护自己的自信和底气，以及懂得规避欺凌的聪慧。也许爸爸妈妈们会问，能不能给他红色能量来武装自己？

答案是不行。因为红色能量所产生的勇气是他所不熟悉和不善于掌握的，只会激化他内在能量的冲突。所以用和橙色相近的黄色能量来强化他的自信，同时也让他在学业表现上的成就来取得其他小朋友的尊敬。

建议的方法是：

让他在夜晚被黄色能量所环绕拥抱，让太阳神经丛在睡眠中得到很好的充电和加持。另外如果可能，最好让他在上学时穿着有60%以上黄色面料的上衣（覆盖着太阳神经丛的位置），或起码在学校的制服里穿上黄色的内衣。

除了黄色能量之外，安逸的橙色孩子有点儿粗枝大叶，不是抄错了老师在黑板上规定的家庭作业，就是考试时粗心大意忘了检查丢了分数，所以他们也需要负责"耳听八方，眼观六路"的靛青色能量，帮助"缺心眼"的他，更用一点心，更仔细一些。方法其实和紫色孩子的浅蓝色能量一样，只不过浅蓝色能量是用来为过度运转的脑子松绑，而靛青色能量则是为太疏于运转的脑子拧紧发条。可以为橙色孩子准备一个鲜艳的靛青色床上抱枕，或一盏靛青色灯罩的夜灯。

做事情只有三分钟热度

星星的妈妈买回了一款新积木,星星一开始会满腔热情地将积木拿过来玩。刚开始两天,星星的热情还挺高,但是很快就对积木不理不睬了。

后来,妈妈又给星星买回很多玩具,每次新玩具买回来,他都爱不释手,但是三分钟热度过去,他很快就对新玩具失去了兴趣。玩玩具如此,做别的事情也一样,无法坚持。

有一段时间,星星对隔壁姐姐家的钢琴很感兴趣,于是妈妈立即给他报了钢琴班,上了还不到两堂课,他就不愿意再去学了。

星星从小就是一个活泼好动的孩子,思维也比同龄人活跃很多,他对什么事都很感兴趣,但事事无成。星星的父母开始以为小孩子都会喜新厌旧,可是没想到,做事缺乏专注力这一点在星星上幼儿园之后变得越来越明显了,这该如何是好?

作为儿童心理治疗师和行为治疗师,我必须诚恳公平地告诉你们,在我这么多年的专业生涯中,还没听见过有哪个爸妈在我面前夸

奖过自己的孩子"有定性"或"坚持性高"。你如果陪着我到各地演讲亲子教育，我保证你一定会在最后的互动提问环节里，看见某个焦虑的爸爸或妈妈举手问我："金老师，我家孩子学什么都只有三分钟的热度，学这些才艺都是跟他商量过的，但每次在家练琴都得讨价还价，弄得大家都特别的不开心，怎么办呢？"

或者这样吧！我们抽样到某个有小小孩的家里去突击访问，看看人家的客厅或游戏角是个什么样的景况？相信我，你一定会看到和你们家一样的恐怖场景：散落一地的玩具，东倒西歪的积木拼图，封面已经被啃咬得皱皱巴巴的绘本……没错，这就是全天下游戏角落共同的场景，一个被对玩具只有三分钟热度的孩子所折腾出来的场景。

3~6岁的学龄前儿童之所以被称为学龄前的原因，就是因为他们的心智发展还不足以进入学校，还没具备可以遵守严格教室规则的自制力，以及可以安静听课的专注力广度。入学年龄的制定，不是根据我们家是不是准备好了让他去上学，而是完全根据我们家孩子的身心发展进程，不仅仅是智力的发展进程，还要考虑到他诸如膀胱括约肌的发展进程是否足以支撑他安静地坐上40分钟！这个发展进程放诸四海而皆准，没有地域的限制，也没有贫富的差别，即便他是天才儿童，天才儿童也有恼人的社会化适应问题和到了时间就得上厕所的需求。

　　所以，在我们探讨怎么利用色彩能量来帮助孩子具有坚持性这个问题之前，我想先把几个相关的事实列举出来。

1 维持兴趣的注意力和坚持性，因年龄的发展而逐渐增加。

　　目前全世界国家每堂课上课时间的大致标准是：幼儿园小班10~15分钟；中班20~25分钟；大班30~35分钟。小学40分钟；中学45分钟；大学50分钟。这个上课时间的长度，就是那个年龄阶段孩子的最佳注意力集中时间的长度。所以，如果你们家二三岁的孩子玩新买回来的积木，几分钟后就扔到一边，别急着下"三分钟热度"的定论，因为这是正常的。而且你会发现，明天他再玩同样这套新积木时，还是会和新的一样，先是饶富兴趣，然后"啪"地丢到一边。

2 太多的选择和刺激也是让他没法坚持的原因。

　　我们这个年纪的老年人，总喜欢倚老卖老地说："我们那个年代啊……你们听了心烦，但事实确是如此。在我们那个年代，自己用妈妈做衣服的下脚料缝几个沙包，用橡皮圈做个跳绳，就能像宝贝一样玩好长时间；当爸妈终于省下了一点钱送你去学跳舞、学画画，你哪敢放弃这个机会？"现在的孩子当然不需要刻意地像从前那样拮据，但摆在他们面前一筐又一筐的玩具和各种各样的才艺选择，当然会让他们分心和不当一回事，所以，我们必须在理解现实背景的情况下，给出最适当的对应方法。

3 什么年龄，玩什么玩具，学什么才艺。

学习一样新的东西，绝对和孩子的心智发展相关。如果你给一个2岁的孩子1辆颜色鲜艳的小汽车，他能开心地在地上滑来滑去一段时间，还可能会把几辆小汽车排排列队。用手指拿着小汽车在地上滑或打开小汽车能开合的车门，是2岁的孩子已经能熟练掌握的精细动作，所以他能不紧张、不挫折地享受游戏的过程。但如果你给2岁的孩子1个色彩鲜艳的七巧板，哪怕是只有3块颜色的七巧板，对他来说都是完全无法胜任的玩具，他有可能在接到这个新玩具时会先拿起来"貌似"有兴趣地研究观察一下，然后不出5分钟，这个七巧板就沦为他的"打击乐器"或被甩在一边了。

我知道有些妈妈可能会在朋友圈或宝妈群里，炫耀自己2岁的孩子能如何聪明地玩某些不属于那个年龄阶段的"益智玩具"。她的炫耀可能是真的，我们恭喜她！但请相信我，如果你把她的孩子的成就当成理所应当的坐标，那就是自找苦吃。而且这个"苦"不仅仅是你的苦，也是你那无辜的宝贝的苦。（练琴时无法完全掌控手指所带来的挫折，面对比自己高大的同伴挥拳、摔跤、踢球时内心的恐惧，爸爸妈妈满怀期望地看着我，但我根本不知道怎么把积木塞进去时的羞愧……这些都是导致他放弃的来自情绪压力方面的原因，也是他原本不必要吃的苦。）

坚持性需要从成功的经验中逐步培养，往上叠加。它不是0和100的关系，而是从1逐步迈向100的过程。

所以，正确的做法是把需要坚持学习的课业或才艺，符合实际年龄地切割成一个个可以通过合理的努力就能跨上的台阶，让孩子在每一次的成功经验中享受学习的过程，也发现自己有"我可以做到"的自信和快乐，这是帮助孩子最可行、最有效的方法。我们就拿孩子学英语来说，一个有口碑、被家长们推崇的英语学习班，一定是先从有很多肢体动作、热热闹闹的游戏中，让孩子先熟悉"听"英语的环境，然后才逐步往"说""认字"的台阶上走，上了小学之后，再进入最后"写"这个环节。

我相信，如果我们能理解并掌握了上面这几个原则，不在无谓的事情上较真和给亲子双方增加不需要的消极情绪，就已经给训练孩子的坚持性打下了好的基础。现在，让我们来看看利用哪些色彩能量，能帮助我们更好地达成培养孩子坚持性的目标。

培养坚持性的色彩能量法

每个孩子，甚至每个大人都难免遇到无法继续坚持做下去的事，所以，没有坚持性并不是哪种色彩能量独有的人格特质，但确实有些色彩能量的人格特质是能做到旁人都已经放弃，但他仍然能坚持下

去。所以，培养坚持性的色彩能量疗法就是要从这个角度来切入。

紫色：紫色是自律、坚毅、克服困难的色彩能量。它主导理性思维的左脑，用就事论事的态度来衡量当下的情况，它不允许感情的右脑来干扰自己的决策，所以不会被情绪所左右，也不容易被消极的情绪吓着而选择退缩。所以紫色能量能帮助孩子在面对挫折、压力打算放弃时，选择不听从情绪的右脑所给出的"算了吧"的建议，而愿意给情绪的左脑"再试试看"一次机会。

黄色：黄色是相信自己可以做到，是激发对学习的热情和拥有符合现实的乐观。橙色是不明所以的乐天，黄色则是审慎的乐观。此外，黄色能量的聪慧，也能增加孩子面对学习困难时的理解力。

建议的方法是：

给孩子等量的黄色能量和紫色能量。有趣的是，黄色和紫色在色相环中是互补的颜色，而从对应的身体部位能量来看，则分别是与生俱来的智慧和后天习得的智慧。所以把它们对等使用，就能给孩子完整的、平衡的学习能量，既有慧黠和勇气，也有知识和冷静。但要留意的是，紫色能量有活化和兴奋神经细胞的能力，所以最好不要过多地在睡眠时段里使用，免得影响宝贝的睡眠。

另外，除了在家居生活中可以自由地把这两种颜色互为环境色和疗愈色之外，我也喜欢建议爸爸妈妈给小小孩买玩具时，如果玩具的颜色有很多可供选择，就稍微多选择一些鲜艳的紫色玩具，让孩子养成勤于运用脑部思考的习惯。这个方法尤其适用于3岁以上，正在开发和建构脑部高级思维能力的孩子。

每一个孩子心里都有属于自己的颜色

拖延症小孩，如何才能请你快一点

　　"我真的搞不懂，明明都是很简单的事情，画个画，学习写几个字，让他自己穿衣服、穿鞋、洗脸和刷牙，就这点事，为什么我儿子每次都拖拖拉拉，不到最后一刻绝不开始呢？"

　　牛牛妈妈生气地说，孩子上中班以后，老师在家长会上特别提到希望家长能帮助孩子养成良好的作息规律。之后的日子里，牛牛家里就充斥着妈妈的唠叨声："牛牛，快去刷牙洗脸，九点了，要睡觉了。""牛牛，别玩水了，快点洗澡，我只给你5分钟时间啊！""牛牛，半个小时过去了，你怎么一朵花都没有画完啊。"

　　这样的场景每天在家中上演，妈妈总是要耳提面命，孩子才有可能按照妈妈的要求去做。而且，大部分时间里，孩子都是不情不愿，拖拖拉拉，于是一次次的威逼利诱后，妈妈终于失去耐心……面对这类重度拖延症的孩子，父母该如何是好呢？

说起拖延症，我们大人其实也不是那么理直气壮的！你敢说自己从来都是那么自律地按时完成工作？你敢说从来都不会和自己讨价还价找个理由宽限自己几天？你敢说自己每天都精神抖擞从来不迟到拖沓？你敢说自己没有一大堆"我不想做"的事？

我们当然不敢直起腰板儿这么说，因为我们也会拖沓，也会有只想躺着不想做事的时候，这是人性的一部分，是再自律的人也会有的正常现象。所以不要指望远不如我们成熟、还没有完全发展出自律这个高级能力的孩子，每天都像机器人一样的完美精准和高效率，我们必须理解这是人之常情，才能心平气和地找到能帮助他尽可能减少拖延的原因和方法。

根据研究儿童拖延症长达20年的芝加哥大学儿童心理学家约瑟夫·法拉利的统计，大约有20%~25%的成年人有或强或弱的拖延症状，而出现在儿童身上的拖延，例如，还有5分钟就要出门上学了，他才慢慢吞吞地喝了第一口牛奶；明天就要开学了，老师给的暑假作业还没有写完……这些除了跟孩子的性格有关之外，通常也是因为某些被我们忽视的原因。

约瑟夫·法拉利建议父母们先检视一下孩子是不是有以下这些问题。

是不是因为某些课程跟不上进度或有学习上的困难，所以没法如期完成作业，或故意拖拖拉拉地不想再去上学？我记得自己从高中二年级开始，就跟不上物理老师上课的进度，以至于高三准备考大学

的时候，虽然试图振作，但每次都很害怕打开物理课本复习，所以我总是告诉自己，等到了最后一个月考前冲刺的时候，我再来专心攻克物理。结果你们当然知道，我始终没排出时间攻克物理，也因此没考上理想中的好大学。

2 是不是因为学校里有让他不舒服或者有被威胁的情绪，所以他尽可能地迟到拖延，甚至故意把自己弄病了不去上学？这种情形包括了去学钢琴、学画画等才艺班。我们都知道孩子对哪一门课程有学习的兴趣，往往和他喜不喜欢教那一门课程的老师有关，而且这个相关还不只是在低年级的孩子身上发生，即便是读了高中的孩子，也会因为教课的老师而对这门课程产生兴趣或失去兴趣。所以，法拉利请爸爸妈妈在检视孩子在学校里是否遇到不愉快的情绪时，除了同学之外，也要考虑是否会因为老师太凶、在同学面前处罚羞辱了他，太偏心某一位同学等，而挫伤了他上学的动机或勇气。

3 是不是和我们的教养方式有关？如果我们在他很准时不拖沓的时候，认为这是孩子的本分，但却在他拖沓的时候，严厉地责骂，根据约瑟夫·法拉利的研究，这也可能是造成孩子拖沓的原因之一。而且临床研究结果显示，越高压权威的父母，就越有可能出现拖延症的孩子，原因很有趣，因为这是他"对抗强权"的方式：我故意拖，故意慢，你越急，我就越高兴！

帮助孩子不再拖延的8个要诀

多奖励准时做好的事，少处罚慢慢吞吞没做好的事。享受成功的快乐，是人类拥有动机的重要推进燃料。*1*

设立符合实际的目标，不要期望超出他能力范围的事。可以从能简单做到的事开始，建立成功的经验和技巧。*2*

与时俱进。3岁的孩子和12岁的孩子对自我的管理能力是截然不同的，而这和发展进程有关，与乖不乖无关。*3*

给出清晰的和切割成小块的指令，而不是含糊笼统的要求。说"请把地上的球都捡起来"，不说"请把游戏间收拾一下"。*4*

不要做孩子的安全气垫，让他学习承担后果。暑假作业还没写完？自己面对处罚，而不是爸爸帮忙画图，妈妈帮忙写作文。*5*

最好的学习自律的方法，是从他有兴趣、有意愿做的事开始。让他选择，而不是你告诉他要做什么。"今天我们要把家整理一下，我们要：把书架上的书都排好；把地上的玩具都分门别类装进大盒子里；把毛绒玩具都拿到太阳底下晒一晒，大宝，你想做哪一样？"*6*

理解拖延不是懒惰。通常有拖延症的人是因为太忙，而又缺乏时间管理和为待解决事项优先排序的技巧。*7*

最后，拖延是一种学习而来的行为。我拖延吗？我给孩子示范了什么？*8*

每一个孩子心里都有属于自己的颜色

拖延症的色彩能量法

色彩性格特征：粉蓝色

虽然每个人都或多或少有拖沓的问题，但确实有些人的问题会重一些，甚至成为识别他的标志。我有个事业很成功、很可爱的女性朋友，她的拖沓简直到了"无法无天"的地步，闺蜜们约了吃饭，大家心里都有数，她最早出现的时间是晚到1个小时，她不是故意的，你会看见她进门的时候一定是连滚带爬的，一面讲电话、一面鞠躬作揖道歉。有一次，我在忍无可忍之下，送给了她一件鲜艳的大红色风衣，逼她必须连穿7天，结果据称她守时了一段时间，但不穿大红色风衣后又故态复萌了！

这种时间管理很差、做事又慢的人，基本上是因为体内的粉蓝色能量太多。粉蓝色能量会降低但凡能让人"动起来"的能源：降血压，减缓心跳速率，降低肌肉的收缩动能，抑制肾上腺素分泌，放慢说话速度……总之，他们体内发动机的转速比其他人慢，功率也低。据称这种人活得久，想想爬得慢悠悠的千年老乌龟?！所以他们慢吞吞的，不急不慌的，让身边的人急得直想撞墙。

适合的养育色彩：绝不拖泥带水的大红色，以及学会自制自律的紫色。

大红色能量的爆发能力，绝对是慢郎中所需要的。虽然我们可以视拖沓的"情节轻重"来决定使用的强度，但还是需要掌握循序渐进的原则，否则孩子一下承受太多的红色能量会出现一些生理的不适，例如消化不良拉肚子，牙龈红肿疼痛，睡得不安稳等。

建议的方法是：

先从吃大红色的食物开始，红艳艳的柿子椒，红瓤的火龙果、西红柿，樱桃都是很好的红色营养食物，而且也是帮助成长中孩子造血的营养食物。然后在衣着上加一点艳红色的元素，不要大面积全是大红色的，可以选择例如红色的发卡，或是红色的书包，或是红色的袜子等。另外，由于红色能量会兴奋孩子的脑神经运动，所以建议不要在卧室里用大红色的元素，可以选择一些淡红色的东西，例如一个有淡红色卡通图案的薄被，印着淡红色花朵的被套，最好不是枕套。

我也喜欢建议妈妈和宝宝穿有一些红色或粉红色元素的亲子装，一方面红色是母亲的颜色，寓意了母亲生育我们和给予我们的爱；另一方面也能让孩子在被妈妈红色能量包围的安全氛围里，学习克服自己所缺乏的决断力和往前大跨一步的勇气。还记不记得在儿童世界的色彩心理学那一章节中，我提到的胎儿在母亲的子宫里唯一能看到的是淡红色环境氛围？

每一个孩子心里都有属于自己的颜色

　　至于紫色的自律和自制力，则是可以运用在环境色的方法。例如年龄小一点的幼儿园孩子，可以用粉紫色的窗帘、纱幔、被套；年龄大一点、必须改正拖延习惯的小学生，则可以在书房，或卧室放书桌的那个角落，用稍浅的紫色作为"某一个墙面"的颜色。不要将房间里4个墙面都漆成紫色，即便是书房也不行。因为紫色能量对孩子的神经细胞来说，还是一个拧紧发条和着重思虑的颜色，过多的紫色能量只会矫枉过正，反倒影响了孩子的情绪和正常睡眠。

不合群的孩子，心里到底在想什么

在幼儿园里，点点是一个比较特别的孩子。大部分的孩子经过一段时间的适应期后，很快会找到"志同道合"的新朋友，但点点却一直我行我素。从最开始的哭哭啼啼，到默不作声，再到上课不举手，不唱歌，不说话。老师想尽了各种办法，却依然走不进点点的心里。

点点总是一个人默默地坐在自己的座位上，不愿意与别的小朋友一起玩，不愿意参加幼儿园的各项活动。

看她总是这样一个人待着确实不好，老师有时候会有意识地走过去和她说："点点跟小朋友一起去玩吧，他们在搭积木呢。"她摇摇头，还是不动。如果老师拉着她的手让她去参加游戏，她就会哭起来："我不想玩，我不想玩。"

点点这样不合群的小朋友确实应该得到家长和老师的关注，因为这种孤独不仅仅让爸爸妈妈心疼，最担心的是，如果他继续这么孤单，将来很有可能会成为欺凌者霸凌的对象，因为形单影只的孩子，是最

容易被有暴力倾向的同学挑选为受欺负的小绵羊，所以不管从身心成长的角度，或从将来是否能融入社群的角度来看，这都是一个非常重要，必须得到家长深切关注的话题。

严格来说，很多小朋友会随着年龄的增长而自然而然地发展出相应的社交能力，不需要爸爸妈妈特意地教导，但有些孩子可能因为生性害羞，不晓得应该怎么主动和别人说话，或别人来找他说话时羞怯地不知道如何回答，所以就宁愿自己安静地坐在那里看别的小朋友玩，或干脆赌气地说："我不想跟他们玩！"这样的孩子因为害羞，所以能感到自在安全的舒适圈很小，他们的特征是：在家里和亲近的人能玩得非常大方开心，但到了陌生的环境，遇到陌生的人时就突然蔫了。

另一种孩子的情况则是因为内向和有社交焦虑。他们并不仅是因为害羞而不说话，而是在遇到陌生的情境时，会产生不愉快的生理反应，例如心跳加速、呼吸急促、脸色发白，甚至有孩子在被大人逼迫去和别人说话或在大庭广众之下说话表演时，会焦虑得引发气喘。我曾经辅导过一个有社交焦虑的8岁男孩，每次他被家长硬是推到人群中时，就会紧张得几乎要尿裤子。你可以想象当他尿了裤子之后的羞愧自卑，会如何影响他和家长之间的关系，又会如何影响他下一次在人群中的身心状况。

139

所以，当我们用色彩能量来帮助这两种成因不同的不合群孩子时，就需要运用到不同的色彩能量和调整方法。

不合群孩子的色彩能量法

因害羞而不合群的色彩性格特征：缺少大红色能量和浅蓝色能量

孩子之所以害羞，除了因为他们害羞，害怕被小朋友拒绝之外，有些时候你会很惊讶地发现，他们居然也有可能是因为"懒得交朋友""懒得说话""懒得动"。我在这里说的"懒得"并不是传统意义上的懒惰，而是缺乏生理上的动力，严格来说，是缺乏体内油然而生的那种愿意去做的动能——勇气，所以他们心里的潜台词是：干吗那么费劲找麻烦？反正也不会有人想跟我玩！于是他们可能会选择安静地坐在一旁，紧紧地抱着自己的毛绒玩具或外套，看着其他的小朋友玩；也可能启动了自我防卫机制，故意满脸不屑地别过头去说：我才不想跟他们一起玩！

面对这种心理原因的孩子，我们可以用大红色的食物和衣服来增加勇气，同时也帮助他拥有愿意去做的身心动能。另外，我们可以配合着色彩能量，一步一步地帮助他学习怎么交朋友。例如，我们可以每个月或每两个月在家为他办一个小活动，让他邀请几个同学到家里来。具

每一个孩子心里都有属于自己的颜色

体实施的方法是这样的。

第一步：由他来选择当天活动的主题。是用乐高来建造火车铁轨？请小朋友带自己的娃娃来玩过家家？

还是一起看钢铁侠电影，吃爆米花和比萨？为什么让他决定主题的原因我们一定都明白，首先，有了兴趣，他才愿意去动。其次，这是他的长项，所以即使害羞，玩起来也游刃有余。然后，自己家就是最熟悉的主场，主场的心理优势也会让他更勇敢地跨出交朋友的第一步。

第二步：决定了活动主题之后，让他负责设计当天的活动流程。这个步骤能帮助他学习社交能力，在设计流程中发现自己拥有主动出击和掌控社交活动的能力。

第三步：讨论邀请哪些小朋友？以及为什么是这几位小朋友？这是个非常重要的步骤，因为经由他所邀请的小朋友名单和理由，我们可以知道他在面对社交时的心理活动过程和内容。其实对我们这些大人来说也是一样，当我们计划请人到家里来吃饭，我们一定有充分的理由，有些人是迫于现实原因，不得不请，有些人则是我们特别喜欢，能开心地在一起享受时光。

第四步：活动当天，爸爸妈妈只提供支持，例如，和其他家长联系如何接送孩子，准备食物，帮忙布置房间等，一旦受邀请的小朋友来了之后，爸妈就只能在一旁充当服务人员，提供必需的协助，但请千万不要急着帮他去张罗或主动去关心其他的小朋友。孩子的世界和我们不同，他们自有社交的规则和乐趣，我们不要越俎代庖，失去了训练他的本意。

第五步：从活动前一天晚上到当天早上，多给他吃红颜色的食物和喝红颜色的饮料，例如西瓜、蔓越莓汁、红石榴汁等。当天也给他穿含有红色元素的衣服，不一定需要全身都是红色的，但如果是红色的部分，就必须是色彩鲜艳、饱和度高的红色。

除了能增加主动伸出手的勇气的红色能量之外，主导和外部世界沟通的蓝色，也是不合群的孩子所需要的色彩能量。原因之一是，蓝色能放松喉部声带组织，帮助流畅地发声说话。有些孩子遇到陌生人会突然结巴，就是因为紧张而让声带收紧的缘故。原因之二是，蓝色能量反映了我和世界之间的关系。我在世界里的位置是什么？在世界里的其他人是怎么看我的？

在我给很多小朋友进行辅导过程中，我发现很多不合群小朋友的心理过程是：他们都比我厉害，比我聪明；我听不懂老师说的，但是他们都听懂了；我一定跳不高，他们一定会笑我；如果他们发现我很笨，他们就会不喜欢跟我玩……而且不合群的他们，并不是完全没有试过勇敢一些，而是在小心地试过并有些挫败后，就缩回来再也不愿意尝试了。所以我们让浅蓝色的能量加入，让它和红色的原始能量相互作

用，一方面强化勇气，另一方面消除质疑自己的各种消极心理障碍，以及帮助他缓解不紧张而能流畅地说出话来。

　　建议可以把浅蓝色作为卧室一部分的空间色，但不要是墙面的颜色。因为在蓝色的空间里待久了，难免会有放手退缩的念头，不利于孩子在成长中必须勤奋和勇于进取的需求。比较好的方法是把它用在每隔一段时间就必须换洗的床单和被套上，当它们完成调整的目的之后，就可以很轻易地功成身退了。

**　　内向和社交焦虑的色彩性格特征：过多的靛青色能量和紫色能量**

　　首先我们要把内向和害羞之间，在心理学上的不同界定一下。害羞，是愿意去交朋友，但不得其法；内向，是喜欢自己一个人待着，宁愿不去交朋友。内向性格的人，享受自己的独处，心理世界天马行空，他们觉得与其交朋友不知道该说些什么，还不如自己一个人待着自得其乐。他们因为敏感而容易被外界影响而焦虑，让人觉得这个孩子孤僻、不合群、冷漠和骄傲。

　　我就是一个这样的孩子，而且到现在还是一个这样的大人（虽然已经能倚老卖老地给自己壮了些胆子）。从上中学开始，我就知道这是我的问题。班上几乎有一大半同学没说过话，毕业后连人家叫什么名字都完全不记得了，所以当然不会去参加每年一次的中学或大学同学会。我一直都是每个学习生涯中演讲比赛、辩论比赛的常胜将军，如今也是名嘴嘉宾和讲课高手。我面对几千几百人时能谈笑风生滔滔不绝，在电视镜头前也能毫不怯场侃侃而谈。但我最怕参加各种需要人际社交的场合，不管是严肃的学术研讨会，还是华丽热闹的时尚派对。

你看出来我的问题了吗？我可以轻松自如地单向交流，但遇到需要寒暄的双向交流时，就会智能不足紧张得不知所措。我相信很多不熟悉我的人，对我会有两种极端的评价：一个特别亲和、特别好相处的人；以及一个有点骄傲冷漠、拒人于千里之外的人。给予我哪个评价，单看我的心理界限：我觉得相处起来舒服安全，或者是被威胁！（并不完全一定是被比我强势的人威胁，有些夸张的人格特质，也会让我感到备受威胁。而我应对被威胁的笨拙方法，就是把自己缩起来，回到自己的壳子里自娱自乐。）

我的内向性格和社交焦虑，毫无疑问地影响了我的职业发展，我只能安静地当老师和安静地在家写作，但凡需要社交技能的工作都与我擦肩而过，我有可能因此损失了很多成大功、立大业的好机会，但感谢上苍，感谢爸妈，我也因此成为一个内心富足和快乐的人。我仍然有好朋友，人数虽然不多（我的手机通信簿里，只有不到300个人的联络方式，朋友圈就更少了），但我们每一次聚会都很开心，我需要支持和帮助时，他们也从来不会拒绝。

我不知道我的真实故事是不是给了你一些可以思考的角度？如果

我们的孩子没有因为内向而有情绪、行为上，甚至成就上的问题，我们是不是一定需要他改变自己，去做他不熟练以及会引发他焦虑的事？

当然，我们还是能用色彩能量来平衡调整他的内向性格，也就是因为紫色和靛青色能量过多，而造成心思细腻敏感，脑子天马行空，情感保守内敛，不喜欢社交的不合群性格。

建议的方法是：

生活中多给予一些外向的粉红色能量。也许这个答案会让爸妈有些错愕：我们不是应该要给他橙色和黄色来中和靛青色和紫色吗？不，不是的。

孩子的安静思考能力和快乐独处的能力是他与生俱来的优势，是他在这个世界上得以发挥长才的能力，我们如果强行把它们给拿走了，他不但不再是那个原本安静快乐的自己，反而会在不熟悉和备受威胁的情绪里，缩得更紧，退得更深。所以，我们可以用粉红色能量，例如所穿的衣服、食物、寝具，来帮助他活泼外向一些，以及选择朋友时能更开放宽容一些，因为毕竟这是现代社会里更容易成功的人格特质。

粉红色能量和大红色能量不同，虽然它对肌肉的张力和腺体的分泌也有非常强大的促进作用，但它更温和迂回，所以不会引发孩子的反感和排斥。这是我为了能适应电视摄影棚后台熙熙攘攘的化妆间的方法！

为了帮助爸妈能更好地检视孩子的社会化发展能力，我把儿童发展心理学家依据孩子的生理年龄，所应该发展成熟的能力整理如下。

2-3岁	能寻求其他人的注意力；主动发起和他人的社交接触，包括语言的（嗨！再见！）和肢体的（握手、牵手）；别人说话时会看着说话的人；有理解和等待轮流说话的能力；会对着好玩的物件或情景发笑。
3-4岁	玩游戏时能理解并等待着轮流玩；拟人化洋娃娃或毛绒玩具；能用比较精确的词汇来主动发起社交沟通。
4-5岁	能表现团体合作的能力；能直接运用"要求"的词汇（例如停！）；开始喜欢在人耳边说悄悄话；喜欢玩过家家扮演爸爸妈妈。
5-6岁	懂得说"对不起""请""谢谢"来取悦自己喜欢的朋友（不在家长和老师的要求下，自己主动地说）；明白什么是不可以说的脏话和粗话；掌握讨价还价的沟通策略；玩具有竞争性的游戏；游戏时了解公平和什么是良好的运动精神。
6-7岁	具有同理心，例如，看到别人难过的时候会哭，懂得分享，懂得运用肢体和姿势表达想法，完全明白轮流的意义，更好地面对失败，不会总是把错误推到别人的身上，会开玩笑，会听别人的意见，会适当地转换话题。但即便拥有了上述这些社交能力，这个年龄阶段的孩子还是不能完全明白"对与错"之间的分际，也没有完全掌握"只做对的事"的能力。

每一个孩子心里都有属于自己的颜色

物品依恋期，如何让孩子学会放手

对3岁半的思思来说，什么玩具都比不过她的小枕头。这个可爱的小枕头，一直陪伴着思思，上面不仅有她熟悉的味道，还充当了她的"玩伴"。白天，无论是洗手、吃饭、上厕所，思思都会抱着枕头；晚上，思思也一定要抱着这个小枕头才肯乖乖睡觉。思思妈妈虽然觉得有些无奈，但也没有刻意去阻止这些行为。

直到思思幼儿园开学第一天。早上，思思说什么也不肯去上幼儿园，她一边哭一边喊着："我要小枕头，我要小枕头。"奶奶只好把小枕头递到她的手上，思思接过枕头紧紧地抱在怀里后才同意去上幼儿园。

在幼儿园午睡时，老师悄悄地把小枕头拿走了。结果思思根本就不睡觉，一直在哭。当老师把枕头还给她时，她才止住了哭声，把枕头的一角含在嘴里，不停地咬着，一会儿便呼呼入睡了。思思的老师不止一次地提醒思思妈这个问题，因此思思妈来找我求救："金老师，我们得一起想想办法，使思思逐步转移对这个小枕头的过度依恋。"

　　说真心话，我还真想把思思的老师叫到跟前打几个大板！为什么？因为那个当下，老师"粗暴"地把思思的小枕头拿走，就等同于"粗暴"地剥夺了思思的安全感一样。

　　根据儿童发展心理学研究显示，幼儿在8个月到12个月开始有依恋安抚物品的行为出现，这个时期是孩子开始认生，开始有分离焦虑的时候。而依恋情绪的高峰期则是在孩子开始学习独立的18个月到24个月之间，这个时期的孩子已经有了"我的""你的"的基本认知，也是他们准备进入早教班或才艺班的年纪。那么有多少孩子会依恋安抚物品呢？儿童心理专家说：至少50%。

　　小被子、小枕头、绒毛玩具、安抚奶嘴这些安抚物品，在心理学上有个专有名词叫过渡物品（Transitional Object）。它们通常是孩子睡觉时搂着的绒毛玩具或盖着的小被子，这个安抚物品上有妈妈的气味和奶香味，也有他在睡觉前听妈妈说故事和唱儿歌的快乐记忆，它在孩子从完全依赖过渡到完全独立的过程中，提供了"妈妈搂着我"的情感安抚和支持，所以通常宝宝在面对生活改变所带来的压力时，例如刚上幼儿园时，家里多了一个小宝宝时，从妈妈房间的小床换到自己房间的小床时，孩子会对它产生更强烈的依恋。儿童心理学专家甚至因此还把它们称作"可以带着走的安全感"。

　　我曾经在我的亲子教育书《爱在左，管教在右》的读者见面会提问环节中，遇到了一位极为焦虑的年轻妈妈问我："金老师，我的女儿有'恋物癖'，我该怎么办呀？！"我问她："是您手上抱着的女儿吗？她多大了？"年轻妈妈说："快满两周岁了！成天就抱着她的小兔子不放手，您看她现在还抱着，也不让我洗！"

　　不瞒你们说，我当时听了真的很晕，第一，这么大年龄的孩子对安抚物品的依恋是很正常的事，不能用精神医学疾病上的"恋物癖"来形容它；第二，孩子就在跟前，妈妈当着这么多陌生人批评她，不知道会给孩子贴上多么牢固的标签；第三，这个可怜的小女孩儿接下来只会更坚持地抱着她的小兔子，因为妈妈已经剥夺掉了她的安全感和信任，所以今后亲子之间的紧张关系只会愈演愈烈！

　　如果你上网，在国内外的宝妈群或网站上，打进"安抚物品"这个关键词，我保证你一定会看见一大堆头疼的妈妈的诉苦：

　　"绝对不能把宝宝的安抚物品给弄丢了，他会哭闹得让你发疯。"

　　"哪个好心人可以告诉我，宝宝不让洗他的小被子，怎么办呀？"

　　"天啊！我的宝宝居然喜欢衣服上剪下来的标签，有谁知道他是不是有心理问题啊？"

　　"自从我把宝宝的小枕头丢掉以后，他开始吸手指了！呜呜呜！"

　　是的，这些都是和思思妈一样抓狂的母亲的诉苦，如果这本书的厚度没有限制，我还可以列出好几百条类似的跟帖来，而且有好多抓狂妈妈分享的安抚物品会让你惊讶到不行，例如电视遥控器、洗澡海绵、妈妈的丝质睡裙、塑料的黄色小鸭等，有位妈妈问心理专家：我儿子喜欢一个吸尘器的转换接头，请问医生，他有心理疾病吗？（心理医生回答说，孩子选择什么样的东西作为安抚物品都没有关系，只是要注意它是不是安全的，例如，会不会太小而卡在喉咙里，或是太容易掉毛影响呼吸道。）

所以你看，你绝对不是那个唯一遇到这个问题的可怜妈妈！

那么，面对这个有50%的孩子都有的现象，我们该怎么做，才能让它只发挥良好的过渡作用，而不成为依赖呢？

首先，不要硬性地强迫孩子放弃他的安抚物品。给他时间，等他准备好了，自然而然就会不再有那么强烈的需求了。一般来说，来自同辈团体的压力是最重要的原因，因为当他发现别的小朋友都没有带小枕头到学校，他也就会不好意思再带到学校了。

如果我们没有意识到孩子的情绪需求，像思思老师那样趁着她睡觉把小枕头拿走，甚至丢掉，有些孩子在哭闹之后，会把对安全感的需求转移到其他的方法上，例如，吸大拇指、啃指甲、玩头发、盯着墙上的某一个黑点发呆。

所以，我们必须循序渐进地帮助他减少对安抚物品的需求强度。

例如，当爸爸妈妈带思思出门的时候，可以把小枕头放在大包包里，只有在她疲倦想睡觉的时候再拿出来；或者下车吃饭时，跟她说好，把小兔子放在车上睡觉，等她上车就可以再抱着小兔子了。

当然，运用色彩能量，也可以在不产生情绪创伤的情况下，帮助孩子很好地减少对安抚物品的过度依恋。

过度依恋安抚物品的色彩能量法

色彩性格特征：靛青色

虽然有50%的幼儿有对安抚物品的情绪需求，但我们不得不承认，有些人格特质孩子的表现要比其他孩子来得强烈和执着，那就是对外界反应感知灵敏，容易受到惊吓和感受威胁，因此对安全感的需求比较强烈的是靛青色孩子。

有些靛青色孩子在长大以后，对小时候的安抚物品仍然依恋，尤其是在遇到让他焦虑的情境时。我认识一个女孩，从小她就喜欢抱着在冷气房里盖着的丝质小薄被。上小学以后，她虽然不再抱着小薄被到处走，但每天晚上睡觉还是需要抱着它才能睡着。在国内上完高中后，她到英国去读大学，在大学里认识了很要好的男朋友，大学三年，她把小薄被留在国内，只有在回到家后才抱着小被子又亲又闻。

大学毕业后，她进入了很好的学校，读了很难读也很难毕业的研究生专业。读了研究生之后，为了隔天仍然有安静的好座位，课业繁重又好强的她，几乎每天晚上都在图书馆的座位上趴着睡觉。她给妈妈打了电话，请妈妈务必用国际快递给她寄过去那条早已破烂不堪的小被子。小薄被寄到以后，安心多了的她，每天就把小薄被围在脖子上，陪着她在图书馆里读书，度过了最艰难的研究生岁月。

如今她已经是3个孩子的妈妈，也是常常受邀到各国演讲座谈的成功专业人士。前阵子我问她：你的小被子呢？她哈哈大笑说："结婚时就把它留在家里了，估计我妈已经迫不及待地把它给丢了！"

最适合的养育色彩：根据孩子的选择

如果孩子表现出对安抚物品的"过度"依恋（请求爸爸妈妈们正确理解过度的意思！例如，上小学三年级了，还坚持把绒毛玩具放在书包里带到学校，或躲在学校的书桌底下吸大拇指），我们确实可以用色彩能量来增加他的安全感，但是不同于其他的情绪问题，富有想象力的靛青色孩子，对如何获得安全感有他自己的理解和不同的背景情绪，所以最好的方法是根据他当下的色彩喜好来选择。至于色彩的使用范围，则最好是在陪着他睡觉的床上织品上。

如果孩子只喜欢紫色或深蓝色，没有关系，不用因此而争执。可以

在紫色或深蓝色的环境里，加入一点点鲜艳的橙色和黄色，例如，一幅以橙色和黄色为主的画；一个橙色的花瓶，都能达到渗透的效果。其实，当万绿丛中只有一点红时，那一点红的威力，才是最吸睛和最强大的。

当然，提供安全感的橙色能量水是最好的方法，它既不会被偏执的靛青色孩子排斥，也能在不动声色中达到平衡能量的效果。我已经在前面的章节中说明了能量水的制作方法，唯一要注意的是，对靛青色孩子的能量调整不能操之过急，他们像是有第六感强大能力，能敏锐地觉察出身体的变化，每天喝太多的橙色能量水有可能让他腹泻或便秘，所以一天200毫升是最适宜的饮用量。

色彩，是一双能跨越想象力疆域的翅膀

腾腾的美术课上，美术老师让孩子们观察了关于兔子的图片和示范画，老师讲解得特别仔细，比如兔子的耳朵是怎么长的，兔子的眼睛是红色的，等等。美术老师问孩子们："你们都记住怎么画兔子了吗？"孩子们异口同声地回答："记住啦，我们开始画啦！"

腾腾妈妈坐在教室后面参加了这次美术课，经过大约40分钟的绘画时间，老师说："时间到了，让我来看看你们的画吧。"老师对每张画都做了详细的点评。但腾腾妈妈留意到的是，这位美术老师对孩子们画得像不像他所展示的那幅示范画，似乎特别地在意。

轮到欣赏腾腾的画作时，老师笑了："腾腾，小兔子的身上是不会长花朵的。它的手里面怎么会拿着一条鱼呢，它又不是猫。""你画得和老师的不一样呀！"孩子们也七嘴八舌地议论开了。腾腾小声地说："这是我要说的一个故事呢，小兔子是花朵国的小公主，它养了一条可爱的小宠物鱼。"老师打断了他的话："腾腾，你这样画是不对的，现实生活中没有这样的事情，你就按照老师说的画吧。"

　　腾腾的妈妈明显地感觉到了腾腾目光中有些许的迷茫和挫折："难道一定要和老师画的一样吗？"下一个周末，腾腾告诉妈妈，他不喜欢画画，他不想再去上绘画课了！

　　我虽然用了很多篇幅说明怎么利用色彩能量来"疗愈"孩子的各种情绪和行为问题，但其实色彩能量最美妙的功能并不在于治疗，而在于它是通往无穷的想象力和创造力天堂的媒介。通过它，孩子可以恣意地发挥小小的脑袋里装着的奇思妙想；通过它，孩子也能冲破语言和体能上的限制，让一只有着五彩斑斓翅膀的蝴蝶，带着他飞往神秘的想象国度。

　　每一个色彩能量都有它特定的波长、频率和振动方式，它能和身体里某一个器官的频率共振，也能和脑子里某一个心思的频率共鸣。对正在挣扎着去学习、去完成每一个阶段成长目标的孩子来说，色彩是让他能毫无挂碍的，能在不怕被大人责骂的心理之下，去表达身心情绪的朋友。害怕了，加一点黑色来述说；生气了，用鲜艳的大红色来宣泄。孩子不知道自己为什么会选择这些颜色，只知道：我想用，就用了！而且最棒的是：画完了，心情也就好多了！

　　如果我们限制了孩子对色彩的自由和丰富想象，就等于硬生生地把他与生俱来的自我疗愈能力给剥夺了。这个自我疗愈的能力，包括了不受疆域限制的想象力，我们大人们不也是一样？通过做白日梦来疗愈现实生活中的挫败；包括了能触碰深沉情绪的宇宙精微能量，在细雨蒙蒙的寂寞黄昏里，我们都愿意待在有着温暖橙色氛围的咖啡厅，而不是冷冰冰的不锈钢餐桌前；包括了不被评价的自我展现，我喜欢红色的花，一如你喜欢绿色的叶，这是我的品位问题，没有高下之分。

所以，即便孩子没有需要用色彩能量来调整的身心需求，我们也要从食物中，从穿着的衣物上，从居住的生活环境里，为他提供丰富的色彩能量资源，让他自由地汲取，自由地酝酿，自由地启动一直都储存在身体里的自我疗愈能量，这才是我们能赠予他的最好的礼物。

2008年，我写了一本书《幸福有七种颜色》。写那本书的时候，汶川地震发生了。今年，2018年，写这本《解密儿童的色彩能量》又正好是汶川地震发生后的第10年。我把当时写的序撷取一部分放在这里，既是纪念，也宣示了我对色彩能量更坚定的想法。

正在埋首写这本书的时候，汶川的惊天一震发生了！

震后的第四天我进入了灾区，在拥挤而简陋的帐篷里为饱受惊吓的小朋友们做团体辅导。那时，让小朋友在嘈杂的环境里"图画"，是我唯一

能克服困难而有效进行的心理辅导方法，而孩子们回应我的，也确实是色彩心理治疗所预期的辅导效果，只是那一片片的墨黑、纯白、深蓝，让人看得扎眼和心疼。

再进灾区是六一儿童节的前夕。经过了近两个星期的整理重建，孩子们已经有了可以摆放桌椅的帐篷教室，脸上也慢慢出现了童稚的笑容。这一次，我们在帐篷教室前偌大的黄土广场上铺开了一条宽度一米、长度几十米的白布条。

我站在白布条的"对岸"高声地问小朋友们：这是什么？

孩子们七嘴八舌地喊道："是一条河！""是大马路！""是大桥！""是一块白布！"

经过表决之后，孩子们最终以绝大多数的票数决定它是一条宽阔的大马路。

那么，我们在这条大马路上画些什么呢？我们画儿童乐园？我的学校？还是我的家？

这次，孩子们几乎没有任何异议地一起大声喊道："我的家！"

于是，在艳阳高挂、漫天飞沙的黄土地上，孩子们拿起画笔、趴在白布条上画出了心目中的家。几十分钟之后，原本苍白的布条上，出现了蓝天、绿地、红瓦、彩虹；出现了微笑的太阳公公、快乐飞翔的小鸟、肥胖可爱的小熊猫、结着硕大果实的红苹果树，以及圆满的一家人。我噙着泪水欣赏他们的画作，却也欣喜地看见一个美丽新社区的雏形和丰富色彩所透露出的无限希望。

那个当下，我知道地震也许震垮了房舍，带走了家人，但它却夺不走孩子们顽强的生命能量，和乘着色彩的翅膀飞往更美好明天的能力。

工具篇 让我们一起探秘色彩里的养育力量吧

每个年龄段最适合的养育色彩

虽然我在前面用了大篇幅的章节说明了如何用色彩能量来帮助儿童解决常见的问题情绪,但这并不表示孩子会一直待在某个情绪中出不来,或只有有情绪问题的孩子才需要色彩能量的帮助。事实上,色彩能量除了有情绪疗愈和对某些生理不适有缓解的能力之外,也是日常生活中可以运用来启发孩子的潜能,培养孩子的良好情绪和增进生理健康的方法。

色彩能量的选择有两种方式

环境色:顾名思义,是家居生活中大面积的颜色。例如,孩子的卧室和书房的壁面颜色,地面的颜色,窗帘的颜色等。环境色是空间的表情,赋予空间最适合各年龄段孩子的生长能量(心理的和生理的)。

疗愈色:相较于环境色是不可能随时更改的颜色,疗愈色则是能随时根据需求而变换的颜色。例如,床单、枕套、被套、抱枕、夜灯或台灯的灯罩、衣物、食物等。疗愈色是个人空间,用时髦的语汇说,是孩子小宇宙的色彩能量，它的任务是满足孩子当下的情绪需求或生理需求，一旦这个需求的能量被调适平衡了，这个色彩也就可以功成身退了。

根据年龄段的特点选择最适合的养育色彩

0~12个月的婴儿

环境色： 白色和部分的淡红色。

白色：集合了7种颜色的色光能量，是激发潜能，提供婴儿身心发育所有可能性的最好颜色。白色也是没有偏见、没有评价的色彩能量，让孩子在绝对的信任中成长。

淡红色：把初生婴儿周围的环境营造成一种淡淡的红色，比如卧室的窗帘，婴儿床上的1块淡红色毛毯，婴儿床头上的红色挂件，奶瓶上的红色盖子……都能使宝宝睡得更为安宁，因为当他感觉自己处于一个犹如胎儿在母体内的红色环境时，那种熟悉的安全感，能让他放松和安静下来。

疗愈色： 紫色。

紫色属于大脑的颜色，是即使在妈妈肚子里也首先发育的生理部位。因此紫色光是疗愈所有新生婴儿生理问题的最佳选择，产科医院在患有黄疸的新生婴儿保温箱里就照射着紫色的色光。

解密儿童的色彩能量

1~3 岁的幼儿

环境色: 白色和符合性别的颜色, 如粉蓝色和粉红色。

粉蓝色: 孩子大约从18个月开始发展出辨识性别的能力, 因此在这个性别认同的关键时期, 对男孩来说, 最好的环境色是混合了白色的粉蓝色或浅蓝色。

粉红色: 女孩儿的性别认同颜色则是粉红色或浅红色。

但是, 在衣服的穿着上, 根据许多权威研究机构的色彩心理专家的建议, 对儿童来说, 粉红色是 "最有力量" 的颜色, 因为它对应了生殖系统, 是力量的泉源, 因此建议小男孩儿要多穿粉红色, 以增强他的肌肉张力; 而小女孩要多穿粉蓝色, 因为粉蓝色是天空的颜色, 寓意了天上神祇的智慧和爱, 因此对小女孩长大之后在情绪和心智上对家庭的主导, 有非常好的帮助。

疗愈色: 根据孩子的生理或情绪需求选择色彩。

不过, 要留意的是, 3岁之前孩子的左脑能力还未开发完成, 主管情绪和图像的右脑是主要接收外界刺激的窗口, 因此直觉反应敏锐, 同样的, 对能量的刺激反应也很敏锐, 所以选择疗愈的色彩能量时, 不要同一时间给得太多, 例如, 有了疗愈色的床单, 就不要再给他疗愈色的被套; 准备了疗愈色的能量水, 就不要专注吃太多疗愈色的食物, 等等。

3~6 岁的儿童

环境色: 淡淡的苹果绿或浅绿色。

浅绿色: 拥有开阔的、积极的、愉悦的、向上的生命能量的苹果绿或浅绿色, 毫无疑问是3岁以上儿童卧室最好的墙面颜色。3岁以后, 孩子已准备好接受社会化的训练, 已经知道群和我之间的关系, 也具备了人际交往的初步能力, 所以, 拥有积极生命能量的浅绿色, 能帮助他很好地进行社会化启蒙教育和建立健康的人际关系的认知能力。

疗愈色: 根据孩子的生理或情绪需求选择色彩。这个年龄段儿童的左脑开发速度正在加速追赶右脑, 与此同时, 每天在幼儿园里的学习也在不断地刺激左脑的发育, 所以在面对色彩能量的刺激时, 会比3岁以下的幼儿"理性"一些, 也就是说, 当左脑发现能量刺激太多时, 会主动关闭右脑对外界刺激"没头没脑"的全盘接收; 此外, 3岁以上儿童的世界逐渐扩大, 人际交往中产生的情绪也逐渐复杂, 因此也需要相对增强的能量帮助。所以, 在进行疗愈色能量时, 使用的项目可以稍微多一些。

6~12 岁的学龄儿童

环境色: 浅绿色和淡黄色。

浅绿色: 原因和3~6岁的儿童相同, 是最好的卧室墙面颜色。

淡黄色：孩子进入小学之后，课业内容和幼儿园已完全不同，对太阳神经丛主管的与生俱来的聪慧需求也越强烈，而且年级越高，就越需要理解力、创造力和抽象思维的运用能力。因此，如果孩子有自己单独的书房，淡黄色就会是书房墙面最适合的颜色；如果孩子的书房就在自己的卧室或客厅的一角，那么，书桌上黄色的台灯灯罩，椅子上的淡黄色背枕，哪怕只是墙上的一幅以淡黄色为主调的鲜艳油画，也都能"引进"阳光中黄颜色的能量。

疗愈色：根据孩子的生理或情绪需求选择色彩。

除了可以根据年龄而增加项目之外，选用的色彩的饱和度也可以更浓郁、更强烈。

关于色彩使用的提醒

1 色彩心理和年龄有关。人类由于年龄的增长，不仅影响了生理的结构，也同时影响了心理的认知结构。因此，根据色彩心理学的实验研究发现，对色彩的喜好程度会随着年龄的不同而有极明显的差异。例如，大部分婴儿喜爱鲜艳而单纯的红色和黄色；4~9岁的儿童最喜欢红色和绿色；7~15岁男生的色彩喜好依序是绿、红、靛青、黄、白、黑；7~15岁女生的喜好则依序是绿、红、白、靛青、黄、黑。此外，随着年龄的增长，非单一的繁复色彩逐渐受到重视，不论在明度和彩度上都有变化。

　　所以，在为孩子选择家居装修和织品的颜色时，除了要考虑能量的需求之外，适当地采纳孩子的意见也很重要，例如，如果卧室墙面的壁纸是我们已经决定的浅绿色的，那么上面的图案就可以由孩子来决定；如果书房的墙面已经选了淡黄色的涂料，那么灯罩和挂的画就可以由孩子来挑选……毕竟，只有在自己喜欢的色彩氛围中，身心的调适能量才能更好地被发挥出来。

　　2 如果孩子有两个或两个以上的身心问题需要解决，那么就需要排好这几个问题的主次关系（因果关系）或优先顺序关系，因为运用色彩能量进行疗愈时，最好一次只帮助解决一个问题。

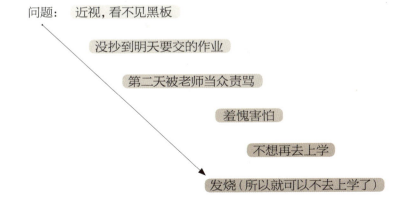

在这个例子里，家长要做的事：

1 赶紧去找眼科医师配眼镜。

2 给予橙色的能量来恢复自尊和安全感。

3 但是在配眼镜和恢复愿意上学的安全感和自尊之前，先喝妈妈准备的蓝色能量水。蓝色能量水能安抚孩子此时此刻焦躁不安的情绪，只有焦躁不安的负面情绪被安抚好了，才能再建立自信的正面积极情绪。

色彩能量疗法可以用来启发孩子的潜能、培养孩子的良好情绪、增进生理的健康。

每一种颜色所代表的性格特质

红色

- 没有耐心。

- 个性外向，喜欢交朋友。

- 脾气坏，不开心时会有攻击性。

- 好动。注意力集中时间短。

- 胆子大，喜欢爬高或做一些冒险的事。

- 意志力坚强，不容易妥协。

- 竞争心强。

- 睡觉轻，睡眠时间比同龄的孩子少。

- 食欲好，吃饭快。

- 说话速度快，脱口而出。

- 爱流汗，脸发红。

- 感冒时很容易发烧。

让我们一起探秘色彩里的养育力量吧

橙色

- 自我感觉良好，很有自信。
- 社交能力强，很容易交朋友，喜欢带小朋友回家玩。
- 热心助人，很有同情心。
- 单纯天真，小活宝。喜欢逗乐搞笑。
- 食欲好。
- 能干，愿意帮忙做事。
- 兴趣广泛，什么都想尝试。
- 独立性强。
- 喜欢各种运动。
- 感冒时，容易有支气管炎、肺炎、气喘。
- 容易吃坏肚子。拉肚子、便秘、放屁、打嗝。

黄色

● 聪明，反应快。

● 记忆力好，理解力强，是天生的学霸。

● 乐观。会自我解嘲，给自己找台阶下。

● 开朗外向，但因为兴趣广泛，也有注意力集中时间短
的倾向。

● 过度自信是最大的缺点。

● 好奇心很强，喜欢探索未知。

● 很有想象力，但不会天马行空，很实际的性格。

● 食欲不太好，吃东西比较费劲。

● 感冒时，不想吃东西，容易恶心、想吐
和胃疼。

让我们一起探秘色彩里的养育力量吧

绿色

● 不喜欢冲突，是同龄孩子之间的和事佬，也
  是家里（爸妈吵架时）的和事佬。

● 善于察言观色，能安静地独处，不吵闹。

● 合群，愿意分享，不霸道。

● 听话懂事，有礼貌（因为不喜欢发生冲突）。

● 因为不喜欢冲突，所以有不争取自己的权益，轻易退让的缺点。

● 不需要大人一直在旁边盯着学习，自律自觉。

● 有服务的意愿和意识，在学校或在家都会主动帮忙做事。

● 有同情心，喜欢小动物和小花小草。

● 不喜欢夸张，所以常常身体已经很不舒服了，大人才
  知道。

● 感冒时，容易气喘。

蓝色

- 口语表达能力强，口齿清晰。

- 喜欢阅读。

- 犹豫不决，比较难做决定。

- 但做了决定之后，又容易后悔和难过。

- 善于察言观色，很听话，不容易被处罚（因为胆小）。

- 容易有不安全感，怕各种毛毛的小昆虫，尤其怕黑。

- 容易疲倦，不喜欢待在户外，也不喜欢运动。

- 怕脏，爱干净，总是小心翼翼的。

- 体质较弱，容易感冒，尤其怕冷怕湿。

- 感冒时，容易喉咙发炎。

让我们一起探秘色彩里的养育力量吧

靛青色

● 很有想象力，会编故事、讲故事。

● 思维很有逻辑性。

● 爱漂亮。不管是男孩或女孩，都有对美的鉴赏力。

● 有自己的主观判断，容易评价和挑剔（对人或对事）。

● 喜欢安静。能自己一个人玩很久（通常是因为看不上别人）。

● 不喜欢在人群中，不合群，不太会交朋友。

● 不喜欢同龄玩伴。喜欢和比自己年纪大的小朋友在一起。

● 喜欢听大人说话。

● 感冒时，容易鼻窦炎，鼻塞，鼻炎。

● 容易有眼睛发炎，耳炎，耳痛，口腔溃疡的小毛病。

紫色

● 先天下之忧而忧的孩子，容易忧虑担心

（担心大人的健康，家里的经济情况等）。

● 思维缜密和不符合年龄的早熟。

● 有艺术天分和很好的表现能力。

● 强烈的不安全感，尤其需要大人的陪伴和爱的确认。

● 特别听话，尤其是服从权威。

● 不爱说话，不喜欢沟通，会压抑自己的感受。

● 爱哭（因为过分担忧）。

● 竞争性强，不太能处理挫折的情境和情绪。

● 有些强迫的行为表现。例如，玩具必须排整齐，画笔必须

按颜色摆放，一切都要按照既定的规则来做。

● 不太出汗，不喜欢晒太阳，体温偏低。

● 容易有湿疹，皮肤过敏。

让我们一起探秘色彩里的养育力量吧

你的孩子属于哪种颜色

判断孩子属于哪种颜色的人格特质，可以综合几个方向得出结论。

他喜欢什么颜色?

买文具、衣服、玩具、杯子的时候，他通常会挑选哪种颜色?

这是指孩子在不被大人左右的情况下自主的反应。有时候孩子会为了讨好大人或不惹大人生气，乖巧地选择妈妈喜欢的颜色，因此这个可能性需要被排除。

如果你一下子回答不上来这个问题，可以做个小实验，把五颜六色的橡皮泥放在他面前，让他做个东西送给你（如果他问，做什么东西呢? 你就回答，你做什么妈妈都喜欢），看看他拿起的第一种颜色是什么?

他喜欢吃什么颜色的食物?

面对五颜六色的糖果，他通常会先选择哪种颜色?

他比较喜欢吃哪种颜色的蔬菜水果？例如，香蕉、红苹果、橙子、绿色的柿子椒、蓝莓、紫色的茄子……

他比较符合以下哪种颜色特质的描述？

你有可能发现孩子或多或少地符合2~3种颜色特质的描述，没关系，这是很正常的现象，而且你一定会发现，这2~3种颜色会挨得比较近。但是最重要的是，这其中一定会有一种颜色特质的得分最高（哪怕只有1分的差距），那就意味着你的孩子最有可能是那种颜色的性格特质。

他的主要养育者，例如妈妈、姥姥、奶奶或保姆，属于哪一种颜色的性格特质？

年幼的孩子，出于生存的本能，会"选择植入"或"被迫植入"他仰赖存活的主要养育者的人格特质。

他最好的朋友，或喜欢在一起玩的朋友，属于以下哪一种颜色的性格特质？

基于色彩增强或互补的原理，在同辈团体之间，孩子有时候会潜意识地亲近对自己有作用的颜色，或感觉到没有侵略性的安全颜色，这是人类自我防卫机制的一部分。

让我们一起探秘色彩里的养育力量吧

什么样的孩子用什么颜色来沟通和解决问题

运用色彩能量来帮助孩子时，可以分为几个方向来思考。

削弱色：想要弱化、减轻、消除的身心和情绪问题

所使用的色彩为该色彩性格的对比色（又叫作补色）。例如，红色和绿色、橙色和蓝色、黄色和紫色，彼此是对比色。如果想要削弱哪一个负面的性格特征或情绪，就可以用它的对比色来中和，并进而削弱它的能量。

增强色：想要强化、增加、鼓励的积极情绪和行为

所使用的色彩是那种颜色所代表的情绪特征。例如，红色是有意志力坚强的；橙色是充满自信的；黄色是聪明勤于学习的；绿色是听话有礼貌的；蓝色是口齿清晰表达力强的；靛青色是有良好逻辑思维能力的；紫色是思维缜密孝顺父母的。

平衡色: 维持健康的身心和情绪

一旦孩子的某一个负面情绪或消极行为得到了改善和解决, 就可以停止集中使用某一个较单一的色彩, 取而代之的, 是提供孩子各种色彩能量的可能性, 例如各种丰富颜色的健康食物, 衣服用品等。当然, 平衡色也包含了孩子自己喜欢的颜色, 因为出于自我保护的本能, 我们所喜欢的颜色通常也是我们所需要的颜色能量, 就像是老人们常说的, 你想吃的东西, 就是你身体需要的东西一样。